ULTIMATNA AMERIŠKA KUHARICA S SIROM

Od klasičnih hamburgerjev do gurmanskega sira na žaru, odkrijte bogat in 100 okusen svet ameriškega sira

Martin Kos

Avtorski material ©2023

Vse pravice pridržane

Nobenega dela te knjige ni dovoljeno uporabljati ali prenašati v kakršni koli obliki ali na kakršen koli način brez ustreznega pisnega soglasja založnika in lastnika avtorskih pravic, razen kratkih citatov, uporabljenih v recenziji. Ta knjiga se ne sme obravnavati kot nadomestilo za zdravniški, pravni ali drug strokovni nasvet.

KAZALO

KAZALO 3
UVOD 6
ZAJTRK IN MALICA 7
   1. BLT jajčna peka 8
   2. Pečen jajčni sufle 10
   3. Kremna šunka na toastu 12
   4. Camping Cheesy Devils 14
   5. Biskvit za zajtrk 16
   6. Jajčni McMuffin 18
   7. Cvrtnik Zajtrk 20
   8. Quiche s šunko 22
   9. Enolončnica s šunko in krompirjem 24
   10. Pica za zajtrk v podeželskem slogu 26
   11. Šparglji – angleški kolački 28
   12. Omleta s šunko in sirom iz levje grive 30
   13. Deli Turkey Crêpe 32
   14. Rogljički s šunko in sirom 34
   15. Quiche Lorraine 36
   16. Umešana jajca s šunko 38
PREDJEDI, PRIGRIZKI IN PRIGRIZKI 40
   17. Pečeni morski kanapeji 41
   18. S slanino zaviti sirarski psi 43
   19. Tortilja s sirom 45
   20. Pokovka s slanino in sirom 47
   21. Državni pošteni krompirček 49
   22. Pečenka s slanino in sirom 51
   23. Ranch Pizza Pinwheels 53
   24. Turanji drsniki s sladkim krompirjem 55
   25. Sendviči z jabolki, šunko in sirom 57
   26. Philly Cheesesteak Nachos 59
   27. Koktajl kroglice s sirom 61
   28. Hassel nazaj Tomato Clubs 63
   29. Gobovi in čebulni napihnjenci 65
   30. Fudge iz arašidovega masla 67
DIPS IN QUESO 69
   31. Pub Cheese Dip 70
   32. Čile s tem 72
   33. Tex-Mex Chili Con Queso 74
   34. Začinjen koruzni namak 76
   35. Sirov namak s papriko 78

36. Sir in pivo Dip 80
SENDVIČ, BURGERJI IN ZAVITKI 82
37. Ameriški sendvič s sirom in paradižnikom na žaru 83
38. Hitri sendvič z omleto 85
39. Vseameriški burgerji 87
40. Burger za zajtrk 90
41. Spam junak sira na žaru 92
42. Pesto Provolone 94
43. Copycat v N' Out Burgerju 96
44. Burrito iz sladkega krompirja in jajc 99
45. Philly-Style Cheese-steak 102
46. Pečeni sendviči z jajčevci 104
47. File ribjega burgerja 106
48. Portobello Italijanski podsendvič 108
49. Kislo testo, provolone, pesto 110
50. Gurmanska vroča šunka in sir 112
51. Kubanci 114
52. Topli sendviči ob tabornem ognju 116
GLAVNA JED 118
53. Cvrčeči piščanec in sir 119
54. Piščančji fajitas 121
55. Sirna mesna štruca 124
56. Zrezek na žaru z maslom iz modrega sira 126
57. S sirom polnjene piščančje prsi 128
58. Enolončnica s sirom iz brokolija in piščanca 130
SOLATE IN PRILOGE 132
59. Sirni krompir na žaru 133
60. Cezarjeva solata z ameriškimi sirnimi krutoni 135
61. Ameriška krompirjeva solata s sirom in slanino 137
62. Koruza na žaru z ameriškim sirom in limeto 139
63. Cobbova solata z ameriškim sirom 141
64. Ameriška solata s sirom in brokolijem 143
65. Solata z jabolki in ameriškim sirom 145
PICA IN TESTENINE 147
66. Pica s feferoni z vrtno baziliko 148
67. Lazanje s feferoni 150
68. Queso Mac in sir 152
69. Mac in sendvič za zajtrk s sirom 154
70. Cvetača brokoli makaroni 156
71. Cvetača brokoli makaroni 158
72. Linguine s sirovo omako 160
73. Pečeni sirovi njoki 162

74. Preproste hitre pice 164
JUHE IN JUHE **166**
   75. Tuna Melt Chowder 167
   76. Zlata krompirjeva juha 169
   77. Zelenjavna juha z rezanci 171
   78. Juha z mesnimi kroglicami 173
   79. Zimska juha iz zelenjave in šunke 175
   80. Puranja juha z blitvo 177
   81. Rueben Chowder 179
   82. Sirna juha Jalapeno 181
SLADICE IN PECIVO **183**
   83. Sufle z rezanci in gobami 184
   84. Lupine za torte s sirom 186
   85. Habanero in Colby Jack Flan 188
   86. Alpski krompirjev tart 190
   87. Sirne torte z zelišči 192
   88. Trojna gobova torta 194
   89. Peteršilj in švicarski flan 196
   90. Sausage & Jack Pie 198
   91. Mehiška kapirotada 200
PIJAČE IN KOKTAJLI **202**
   92. Vodka Martini s sirom 203
   93. Sir na žaru Bloody Mary 205
   94. Bloody Mary z modrim sirom in slanino 207
   95. Vroča čokolada s sirom 209
   96. Kremni ameriški smuti s sirom 211
   97. Martini z jabolkom in sirom čedar 213
   98. Sirna margarita z grenivko 215
   99. Cheesy Hot Toddy 217
   100. Blue Cheese Whisky Fizz 219
ZAKLJUČEK **221**

UVOD

Dobrodošli v ULTIMATNA AMERIŠKA KUHARICA S SIROM Če imate radi sir in vse, kar je ameriško, ste pripravljeni na poslastico. V tej knjigi bomo raziskali številne okusne načine, kako lahko ameriški sir uporabite pri kuhanju in peki, od klasičnih udobnih jedi, kot so makaroni s sirom in sendviči s sirom na žaru, do bolj gurmanskih stvaritev, kot so sirovi sufleji in fondi. Ne glede na to, ali ste izkušen kuhar ali začetnik v kuhinji, ima ta knjiga za vsakogar nekaj.

V tej knjigi boste našli preproste recepte, ki vam bodo pomagali ustvariti čudovite jedi z ameriškim sirom. Zagotovili vam bomo tudi nasvete in trike za delo s sirom, vključno s tem, kako ga pravilno stopiti, katere vrste sira so najboljše za različne jedi in kako shraniti sir, da ostane svež. Ob koncu te knjige boste strokovnjak za sir in boste povsem na novo cenili ameriški sir.

Torej, pripravite se, da se potopite v svet ameriškega sira, in se lotimo kuhanja!

ZAJTRK IN MALICA

1. BLT jajčna peka

SESTAVINE:
- ¼ skodelice majoneze
- 5 rezin kruha, popečenih
- 4 rezine topljenega ameriškega sira
- 12 trakov slanine, kuhane in zdrobljene
- 2 žlici masla
- 2 žlici večnamenske moke
- ¼ čajne žličke soli
- ⅛ čajne žličke popra
- 1 skodelica 2% mleka
- 4 velika jajca
- 1 srednje velik paradižnik, prepolovljen in narezan na rezine
- ½ skodelice naribanega cheddar sira
- 2 zeleni čebuli, narezani na tanke rezine
- Narezana solata

NAVODILA:

a) Pečico segrejte na 325 °. En del vsake rezine toasta premažemo z majonezo. Toast narežemo na majhne koščke.

b) Toast položite v pomaščen 8-palčni kvadratni pekač z majonezno stranjo navzgor. Na vsak toast položite rezine slanine in sira.

c) V majhnem loncu stopite maslo, nato vmešajte moko, poper in sol, dokler ni gladka. Postopoma prilivamo mleko.

d) Kuhajte, dokler mešanica ne začne vreti, nato nadaljujte s kuhanjem in mešanjem še 2 minuti ali dokler se omaka ne zgosti. Mešanico pokapamo na slanino.

e) V veliki ponvi na srednjem ognju pražite jajca, dokler ne dosežete želene pečenosti. Čez slanino položite jajca in na vrh položite rezine paradižnika, čebulo in sir cheddar. Pečemo 10 minut brez pokrova.

f) Narežite na kvadratke in ob serviranju okrasite s solato.

2. Pečen jajčni sufle

SESTAVINE:
- 12 rezin belega kruha
- 2 žlici masla, zmehčanega
- 6 rezin šunke
- 6 rezin ameriškega sira
- 3 skodelice mleka
- 4 jajca, pretepena
- sol in poper po okusu

NAVODILA:
a) Eno stran vsake rezine kruha namažite z maslom.
b) Razporedite 6 rezin z masleno stranjo navzdol v rahlo namaščen pekač 13"x9".
c) Po vrhu razporedite šunko in sir. Pokrijte s preostalim kruhom, z masleno stranjo navzgor.
d) Penasto stepite mleko in jajca; prelijemo čez vse.
e) Potresemo s soljo in poprom.
f) Pečemo, nepokrito, pri 350 stopinjah 50 minut ali dokler ne postanejo zlate.
g) Pred serviranjem pustite stati 5 minut.

3. Kremna šunka na toastu

SESTAVINE:
- 1 skodelica narezane popolnoma kuhane šunke
- ⅓ skodelice sesekljane zelene paprike
- ¼ skodelice narezane zelene
- 2 žlici masla
- 3 žlice večnamenske moke
- 1-½ skodelice mleka
- ¼ čajne žličke popra
- ¼ čajne žličke semen zelene
- 1 trdo kuhano veliko jajce, sesekljano
- 5 rezin topljenega ameriškega sira, narezanih na četrtine
- 3 rezine toasta, narezane na trikotnike

NAVODILA:

a) V ponvi na maslu 4-5 minut pražite zeleno, zeleno papriko in šunko.

b) Poprašite z moko; mešajte, dokler ne nastane mehurček in postane gladka. Dodajte seme zelene, poper in mleko; zavrite. Med mešanjem kuhamo 2 minuti.

c) Odstranite z ognja. Vstavite sir in jajce; stepamo, da se sir stopi. Postrezite čez toast.

4. Kampiranje Cheesy Devils

SESTAVINE:
- 4 rezine kruha
- 2 pločevinki namaza iz vražje šunke
- 1 paradižnik, narezan na tanke rezine
- 4 rezine belega ameriškega sira

NAVODILA:
a) Vsako rezino namažite z namazom iz šunke, na vrh položite nekaj paradižnika in nato sir.
b) Ohlapno zavijte v folijo, da se sir ne dotika.
c) Postavite na stojalo za taborni ogenj za 10-15 minut.

5. Biskvit za zajtrk

SESTAVINE:
- 2 veliki jajci (pri enem jajcu ločite beljak in rumenjak)
- ¼ skodelice zmehčanega kremnega sira
- 2 žlici naribanega parmezana
- ½ žličke psyllium luščin
- ½ žličke organskega jabolčnega kisa
- Ščepec pecilnega praška
- Ščepec česna v prahu
- Sol in poper po okusu
- 1 žlička olivnega olja, plus ½ žličke. za kuhanje
- 1 rezina ameriškega sira, prerezana na pol

NAVODILA:
a) V skledi zmešajte beljak iz enega jajca, kremni sir, parmezan, lupino psiliuma, jabolčni mošt, pecilni prašek in česen v prahu. Dobro kombinirajte.
b) 2 ramekina namažite z oljčnim oljem in vlijte pripravljeno maso. Postavite v mikrovalovno pečico, da se kuha 35 sekund pri visoki temperaturi.
c) V neoprijemljivi ponvi segrejte ostanke olja in dodajte preostala jajca ter pražite na srednji temperaturi.
d) Na pečene piškote položimo rezine sira in ocvrta jajca ter takoj postrežemo.

6. Jajčni McMuffin

SESTAVINE:
- 1 angleški kolaček, razrezan in popečen
- 1 rezina kanadske slanine
- 1 jajce
- 1 rezina ameriškega sira
- Sol in poper po okusu
- Maslo, za kuhanje

NAVODILA:
a) Angleški mafin prepražimo, da rahlo porjavi.
b) Na srednjem ognju segrejte majhno ponev s premazom proti prijemanju in dodajte majhno količino masla.
c) Ko se maslo stopi, dodajte kanadsko slanino v ponev in jo pecite 1-2 minuti na vsaki strani, da rahlo porjavi. Odstranite iz ponve in odstavite.
d) Jajce razbijte v ponev in kuhajte, dokler se beljak ne strdi, rumenjak pa je še tekoč približno 2-3 minute. Začinimo s soljo in poprom.
e) Sendvič sestavite tako, da na spodnjo polovico popečenega angleškega muffina položite kuhano jajce, nato rezino ameriškega sira in nato kanadsko slanino. Prekrijte z drugo polovico angleškega muffina in takoj postrezite.

7. Enolončnica za zajtrk

SESTAVINE:
- 1 lb. Mleta klobasa
- 1 čajna žlička semen komarčka
- 1 na kocke narezana zelena paprika
- ½ skodelice sira Colby Jack, naribanega
- ¼ skodelice čebule, narezane na kocke
- 8 celih stepanih jajc
- ½ čajne žličke česnove soli

NAVODILA:
a) S funkcijo ponve na cvrtniku dodajte čebulo in poper ter kuhajte skupaj z mleto klobaso, dokler se zelenjava ne zmehča in klobasa ni kuhana.
b) Z uporabo ponve Air Fryer jo poškropite s pršilom za kuhanje proti prijemanju.
c) Na dno pekača položite mešanico mletih klobas. Po vrhu potresemo s sirom.
d) Stepena jajca enakomerno prelijemo po siru in klobasi.
e) Dodajte seme koromača in česnovo sol ter kuhajte 15 minut pri 390 stopinjah.

8. Quiche s šunko

SESTAVINE:
- 1 list ohlajenega testa za pito
- 2 skodelici naribanega sira Colby-Monterey Jack, razdeljeno
- ¾ skodelice na kocke narezane popolnoma kuhane šunke
- 2 žlici olivnega olja
- 1 skodelica zamrznjene sesekljane zelenjave, odmrznjene in odcejene
- 1 majhna čebula, sesekljana
- 1 strok česna, mlet
- ¼ čajne žličke soli
- ¼ čajne žličke popra
- 6 velikih jajc
- 1 skodelica 2% mleka

NAVODILA:
a) Pečico nastavite na 375 ° in začnite s predgretjem. Odvijte list peciva na 9-palčni krožnik za pite; stisnite rob. Dno s testom obloženega krožnika za pito potresemo z eno skodelico sira. Potresemo s šunko.
b) V veliki ponvi na srednje močnem ognju segrejte olje. Vstavite čebulo in zeleno zelenjavo; med mešanjem kuhajte, dokler se čebula ne zmehča, približno 5 do 7 minut.
c) Vstavite česen in kuhajte 1 minuto. Zmešajte poper in sol. Zložite šunko z zelenjavo.
d) V veliki skledi stepite mleko in jajca, dokler se ne združita.
e) Prenesite na vrh. Potresemo s preostankom sira.
f) Pecite 35 do 40 minut na nižji rešetki pečice, dokler nož, ki ga dodate na sredino, ne pride ven čist. Preden začnete rezati, pustite stati 10 minut. Možnost zamrzovanja: Nepečen quiche zamrznite s pokrovom.
g) Za uporabo vzamemo iz zamrzovalnika pol ure pred peko (ne odmrzujemo). Pečico nastavite na 375 ° in začnite s predgretjem. Položite quiche na a
h) pecilna folija. Pečemo po navodilih in nastavimo čas na 50 minut do ene ure.

9. Šunka in krompirjeva enolončnica

SESTAVINE:
- ¼ skodelice masla, narezanega na kocke
- ¼ skodelice večnamenske moke
- 1 čajna žlička soli
- ¼ čajne žličke popra
- 1-½ skodelice (12 unč) kisle smetane
- 4 unče predelanega sira (Velveeta), narezanega na kocke
- 1 skodelica naribanega sira Colby
- 8 trdo kuhanih velikih jajc, grobo narezanih
- 3 skodelice kuhanega krompirja, narezanega na kocke
- 2 skodelici na kocke narezane popolnoma kuhane šunke
- 2 žlici posušene mlete čebule
- 2 žlici mletega svežega peteršilja

NAVODILA:
a) V veliki ponvi stopite maslo na srednjem ognju. Zmešajte poper, moko in sol, dokler zmes ni gladka.
b) 1 do 2 minuti mešamo in kuhamo. Odstranite z ognja; primešamo sir in kislo smetano.
c) Na majhnem ognju kuhamo in mešamo toliko časa, da zmes postane gosta in se sir stopi. Odstavite z ognja. Zmešajte krompir, peteršilj, jajca, čebulo in šunko.
d) Postavite v namaščen 2-qt. pekač.
e) Ne pokrijte, pecite pri 350 stopinjah, dokler robovi ne postanejo zlato rjavi in mehurčki, 30-35 minut.

10. Pica za zajtrk v podeželskem slogu

SESTAVINE:
- 13,8 unč ohlajeno testo za pico v tubi
- Po želji: česen sol po okusu
- 24 unč paket. ohlajen pire krompir
- 10 jajc, pretepenih
- Po želji: sesekljana zelenjava, kuhana šunka ali klobasa
- 8 unč pakiranja. nariban sir Colby Jack
- 4 unče pakiranja. zdrobljene koščke slanine
- Okras: narezan paradižnik, na kocke narezana zelena čebula

a) Testo za pico razporedite v pekač za pico, ki ga poškropite z neoprijemljivim sprejem za zelenjavo; po želji potresemo s česnovo soljo in odstavimo.

b) Postavite pire krompir v skledo, primerno za mikrovalovno pečico; v mikrovalovni pečici na visoki nastavitvi približno 3 minute, dokler se ne segreje.

c) Po testu razporedite krompir. Jajca skuhajte po želji, po želji dodajte zelenjavo, šunko ali klobaso. Jajčno mešanico enakomerno porazdelite po krompirju.

d) Potresemo s sirom; vrh s slanino. Pečemo pri 350 stopinjah 22 do 25 minut, dokler se sir ne stopi in skorja ne postane zlata. Okrasite z narezanimi paradižniki in zeleno čebulo.

11. Šparglji – angleška peka za mafine

SESTAVINE:

- 1 funt svežih špargljev, narezanih na 1-palčne kose
- 5 angleških mafinov, razrezanih in popečenih
- 2 skodelici naribanega sira Colby Jack, razdeljeno
- 1 ½ skodelice na kocke narezane popolnoma kuhane šunke
- ½ skodelice sesekljane rdeče paprike
- 8 jajc, pretepenih
- 2 skodelici mleka
- 1 čajna žlička soli
- 1 čajna žlička suhe gorčice
- ½ čajne žličke črnega popra

NAVODILA:

a) V 4-litrski ponvi kuhajte koščke špargljev 1 minuto. Odcedite in dajte v veliko skledo ledene vode, da ustavite proces kuhanja. Špargeljе odcedimo in osušimo s papirnatimi brisačkami.

b) Polovice angleških mafinov položite s prerezano stranjo navzgor, da oblikujete skorjo v pomaščen pekač velikosti 9 x 13 palcev. Mafine po potrebi razrežemo, da zapolnimo prazne prostore v pekaču. Špargelje, polovico sira, šunko in papriko razporedite po mafinih.

c) V veliki skledi zmešajte jajca, mleko, sol, suho gorčico in poper. Jajčno mešanico enakomerno prelijemo po mafinih. Pokrijte in postavite v hladilnik za 2 uri ali čez noč. Odstranite iz hladilnika, preden segrejete pečico na 375 stopinj. Pecite 40–45 minut ali dokler se ne strdi na sredini.

d) Po vrhu takoj potresemo preostali sir in postrežemo.

12. Omleta s šunko in sirom iz levje grive

SESTAVINE:
- 2 jajci
- ¼ skodelice gob, levja griva, narezana na majhne kocke
- ⅓ skodelice šunke, Deli Style, narezane na tanke rezine, na majhne kocke
- ⅓ skodelice sira Colby Jack, naribanega.

NAVODILA:
a) Predgrejte rešetko na srednjo/nizko do srednjo.
b) Gobe in šunko narežemo na kocke.
c) V majhni skledi stepemo jajca.
d) Na segreti suhi rešetki pražimo na kocke narezane gobe, dokler ne začnejo postajati zlato rjave.
e) Med prepražitvijo gob skuhamo na kocke narezano šunko.
f) Na rešetki združite gobe in šunko.
g) Če imate obroček omlete, ga lahko uporabite zdaj.
h) Na rešetko položite želeno tanko plast masti.
i) Stepena jajca vlijemo na pomaščen vroč pekač. Jajca naj bodo v okroglem 6-palčnem krogu. Če jajca začnejo teči po rešetki, jih z lopatko vrnite v obliko kroga.
j) Ko jajca prenehajo teči, na vrh dodamo kuhano šunko in gobe, ki jih enakomerno razporedimo po krogu.
k) Omleto pečemo približno 2 minuti na vsaki strani. Vendar se bodo časi kuhanja razlikovali. Omleto morate speči glede na to, kako izgleda, saj se temperatura vsake rešetke razlikuje.
l) Ko je omleta s šunko in gobami na eni strani pečena, je čas za obračanje. Z veliko lopatko omleto previdno obrnemo.
m) Na polovico omlete dodamo polovico naribanega sira.
n) Ko je omleta z gobami, šunko in sirom pečena, jo obrnite na polovico, tako da bo stran brez sira na topljenem siru.
o) Potresemo s preostalim naribanim sirom in odstranimo z rešetke.

13. Deli Turkey Crêpe

SESTAVINE:
- 3 bio jajca
- ½ skodelice zmehčanega kremnega sira
- ½ žlice stevije
- ½ čajne žličke cimeta v prahu
- 4 rezine šunke
- 4 rezine delikatesnega purana
- 1 skodelica švicarskega sira, naribanega
- 2 žlici organskega masla, razdeljeno

NAVODILA:
a) Prve štiri sestavine dajte v kuhinjski robot in mešajte, dokler ne dobite lepega testa. Odstavimo in pustimo počivati 5 minut.
b) V ponvi proti prijemanju na srednje močnem ognju raztopimo maslo in v ponev zajemamo z zvrhano jedilno žlico mase. Pekač premikajte od ene strani do druge, da ustvarite palačinko. Vsako stran pečemo 2 minuti.
c) Crêpe sestavite tako, da eno stran obložite z 1 rezino šunke in 1 rezino delikatesnega purana ter potresete s švicarskim sirom.
d) Na vrh položite drugo palačinko in naredite enak postopek.
e) V isti ponvi stopite preostalo maslo in vanj položite zložene palačinke.
f) Pokrijte in pustite kuhati 2 minuti, preden Crêpe obrnete.
g) Postrežemo toplo.

14. Rogljički s šunko in sirom

SESTAVINE:
- 6 rogljičkov
- 6 rezin šunke
- 6 rezin švicarskega sira
- 1 jajce stepeno z 1 žlico vode
- Sol in poper po okusu

NAVODILA:
a) Pečico segrejte na 350°F (175°C).
b) Rogljičke po dolžini razpolovite in odložite.
c) Na vsak rogljiček položimo rezino šunke in rezino sira.
d) Potresemo s soljo in poprom.
e) Zamenjajte zgornjo polovico rogljička in nežno pritisnite navzdol.
f) Rogljičke položite na pekač in jih namažite z jajčno tekočino.
g) Pečemo 15-20 minut, dokler se sir ne stopi in rogljiček postane hrustljav.

15. Quiche Lorraine

SESTAVINE:
- 1½ skodelice (6 unč) naribanega švicarskega sira
- 8 rezin slanine ali šunke, kuhane in zdrobljene
- 3 jajca
- 1 skodelica težke smetane
- ½ skodelice mleka
- ¼ čajne žličke popra
- 1 vnaprej pripravljena zamrznjena skorja za pito

NAVODILA:
a) Na s pecivo obloženo skorjo za pito potresemo sir in slanino/šunko.
b) Preostale sestavine stepemo skupaj in prelijemo čez sir in šunko.
c) Pečemo pri 375 stopinjah 45 minut.

16. Umešana jajca s šunko

SESTAVINE:
- Sprej za kuhanje proti prijemanju
- ½ skodelice na tanke rezine narezane šunke
- 3 žlice naribanega švicarskega sira
- 2 jajci
- 1 čajna žlička dijonske gorčice
- ⅛ čajne žličke košer soli
- 3 mleti črni poper
- Mlet svež drobnjak

NAVODILA:
a) Notranjost 16 unč skodelice poškropite s pršilom za kuhanje.
b) V skledi zmešajte vse sestavine in jih prelijte v skodelico.
c) Pokrijte in postavite v mikrovalovno pečico 1½ minute.
d) Z vilicami razdrobite jajčno mešanico, nato ponovno pokrijte in postavite v mikrovalovno pečico še približno 30 sekund.

PREDJEDI, PRIGRIZKI IN PRIGRIZKI

17. Kanapeji iz pečenih morskih sadežev

SESTAVINE:
- 1 skodelica kuhanih morskih sadežev v kosmičih
- 6 rezin belega kruha
- ¼ skodelice masla
- ¼ skodelice čedarja ali ⅓ skodelice kečapa ali čilijeve omake
- Ameriški sir, nariban

NAVODILA:
a) Toast kruh na eni strani; obreži skorje in kruh prereži na pol.
b) Maslo neopečene stranice; pokrijte s plastjo morskih sadežev, nato s kečapom in na vrhu posujte s sirom. Kanapeje položite na pekač pod brojlerje.
c) Pražite, dokler se sir ne stopi in se kanapeji segrejejo.

18. S slanino zaviti sirarski psi

SESTAVINE:
- 4 hrenovke
- 4 rezine slanine
- 1 rezina ameriškega sira
- 4 hrenovke
- Gorčica

NAVODILA:

a) Slanino položite na rešetko za mikrovalovno pečico. Pokrijte s papirnato brisačo. Pecite v mikrovalovni pečici na visoki temperaturi 3 minute in pol ali dokler ni skoraj pripravljena.

b) Začnite ½ palca od konca in zarežite vsak hot dog po dolžini. Sir narežemo na 4 trakove in položimo v hrenovke.

c) Slanino ovijte okoli hrenovk in pritrdite z zobotrebci. Odcedite maščobo z rešetke za slanino. Hrenovke položite na rešetko.

d) Pokrijte s papirnato brisačo.

19. Tortilja s sirom

SESTAVINE:
- ¼ skodelice mehkega kremnega sira z drobnjakom
- In slanino
- 4 tortilje
- 8 rezin ameriškega sira
- 8 rezin prekajene kuhane šunke

NAVODILA:

a) Na tortiljo namažite eno žlico kremnega sira. Na vrh položite dve rezini šunke in sir. Tesno zvijte.

b) Zvitek varno zavijte v plastično folijo. Ohladite.

c) Zvitek razrežemo na šest kosov, rezino pa pritrdimo z zobotrebcem skozi sredino.

20. Pokovka s slanino in sirom

SESTAVINE:
- 4 litre popečene pokovke
- ⅓ skodelice stopljenega masla
- ½ čajne žličke začinjene soli
- ½ čajne žličke hikorijeve dimljene soli
- ½ skodelice naribanega ameriškega sira
- ⅓ skodelice koščkov slanine

NAVODILA:
a) Sveže pokočeno koruzo stresite v veliko skledo.
b) Zmešajte margarino s hikorijevo dimljeno soljo.
c) Prelijte pokovko; dobro premešajte za plašč.
d) Potresemo s sirom in koščki slanine.
e) Ponovno premešajte in postrezite toplo.

21. Državni pošteni krompirček

SESTAVINE:
- 32-unč paket zamrznjenega začinjenega ocvrtega krompirčka
- žlice koruznega škroba
- 2 žlici vode
- 2 skodelici mleka z nizko vsebnostjo maščob
- 1 žlica margarine
- 8 rezin ameriškega sira, narezanih na koščke
- 15 unč pločevinke čilija brez fižola, kot je Hormel, ali vegetarijanski čili brez mesa

NAVODILA:
a) Pomfrit pečemo v pečici približno 25 minut, dokler ni zlato rjav pri 350 stopinjah.
b) Vzemite majhno skledo in enakomerno zmešajte vodo in koruzni škrob.
c) V ponev med stepanjem zavreta margarina in mleko, nato pa ogenj nastavite na nizko in v mešanico mleka vmešajte mešanico koruznega škroba. Ogenj nastavite na srednjo stopnjo in zmes med mešanjem segrevajte, dokler ne postane gosta.
d) Združite rezine sira in mešanico mešajte, dokler se vse ne stopi. Nato segrejte čili v ločenem loncu.
e) Ko je mešanica mleka in čilija pripravljena, krompirček prelijte s čilijem in sirom ter postrezite.

22. Pečenka s slanino in sirom

SESTAVINE:
- 1 paket hotdogov
- ameriški sir
- 12 unč nekuhane slanine
- Zobotrebci

NAVODILA:

a) Hrenovke razdelite, ne da bi jih prešli do konca. Natrgajte trakove sira in jih vtaknite v zareze.

b) Vsako celotno hrenovko ovijte z rezino slanine in spnite z zobotrebci.

c) Pečemo na odprtem ognju, dokler slanina ni hrustljavo mehka in se hotdog segreje.

23. Ranch Pizza Pinwheels

SESTAVINE:
- 1 tuba (13,8 unč) ohlajene skorje za pico
- ¼ skodelice pripravljenega solatnega preliva
- ½ skodelice naribanega sira Colby-Monterey Jack
- ½ skodelice narezanega feferona
- ¼ skodelice sesekljane zelene čebule
- Pogreta pizza omaka ali dodaten ranch solatni preliv, po želji

NAVODILA:
a) Testo za pico razvaljajte v pravokotnik 12 x 10 palcev na rahlo pomokani površini. Enakomerno porazdeljen ranch dressing znotraj ¼-in. robov. Potresemo čebulo, feferoni in sir. Začnite z daljšo stranjo in zvijte kot želej.
b) Narežite na 1-in. rezine. Položimo na pomaščen pekač s prerezano stranjo navzdol. Pečemo 10-13 minut, da rahlo porjavi pri 425 °. Postrezite toplo z dodatnim rančevim prelivom ali omako za pico (neobvezno). Ostanke ohladite.

24. Puranji drsniki s sladkim krompirjem

SESTAVINE:
- 4 trakovi dimljene slanine iz jabolčnega lesa, drobno narezani
- 1 funt mletega purana
- ½ skodelice panko drobtin
- 2 veliki jajci
- ½ skodelice naribanega parmezana
- 4 žlice sesekljanega svežega cilantra
- 1 čajna žlička posušene bazilike
- ½ čajne žličke mlete kumine
- 1 žlica sojine omake
- 2 velika sladka krompirja
- Nastrgan sir Colby-Monterey Jack

NAVODILA:

a) V veliki ponvi kuhajte slanino na srednjem ognju, dokler ni hrustljava; odcedite na papirnatih brisačah. Zavrzite vse kapljice razen 2 žlic. Postavite ponev na stran. Kombinirajte slanino z naslednjimi 8 sestavinami, dokler niso dobro premešane; pokrijte in ohladite vsaj 30 minut.

b) Pečico segrejte na 425°. Sladki krompir narežite na 20 rezin, debelih približno ½ in. Rezine položite na nenamaščen pekač; pecite, dokler sladki krompir ni mehak, a ne kašast, 30-35 minut. Odstranite rezine; ohladite na rešetki.

c) Segrejte ponev s pridržanimi kapljicami na srednje močnem ognju. Puranje mešanico oblikujte v polpetke v velikosti drsnika. Drsnike pečemo v serijah, 3-4 minute na vsaki strani, pri čemer pazimo, da ne napolnimo ponve. Po prvem obračanju vsakega drsnika dodajte ščepec naribanega čedarja. Kuhajte, dokler termometer ne pokaže 165° in dokler ne steče sok.

d) Za postrežbo položite vsak drsnik na rezino sladkega krompirja; namažite z medeno dijonsko gorčico. Pokrijte z drugo rezino sladkega krompirja.

e) Prebodemo z zobotrebcem.

25. Sendviči s šunko, jabolkom in sirom

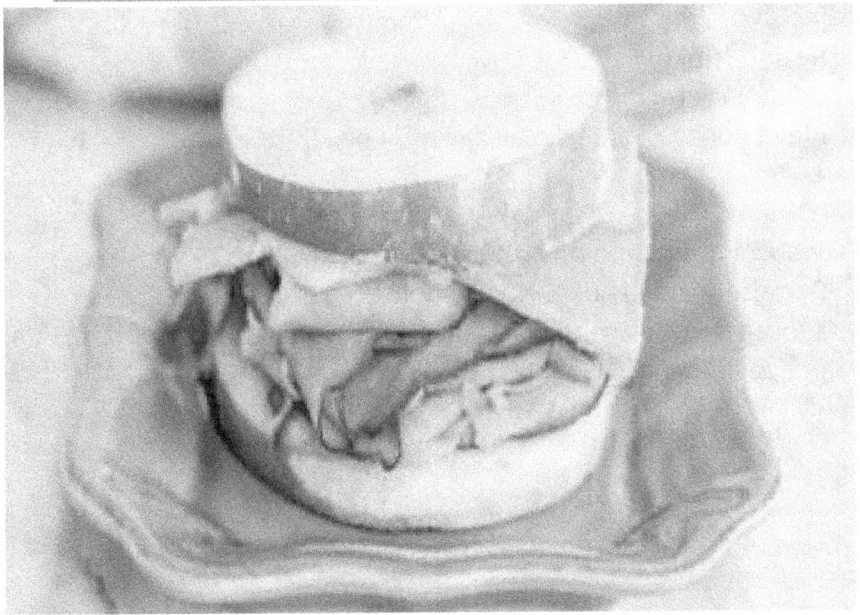

SESTAVINE:
- jabolko
- Rezine šunke
- Colby Jack rezine
- Rjava gorčica, dijonska ali začimba po izbiri

NAVODILA:
a) Jabolka narežemo na kolobarje.
b) Dodajte rezine šunke. Na vrh položite rezine sira.
c) Zgornji kolobar sendviča namažite z gorčico in ga položite na vrh (stran z začimbami navzdol).

26. Philly Cheesesteak Nachos

SESTAVINE:
- 1 lb na tanke rezine narezan goveji file ali zrezek
- 2 žlici. olivno olje
- 1 na kocke narezana čebula
- 1 na kocke narezana zelena paprika
- ¼ skodelice narezanih gob
- 1 vrečka tortiljinega čipsa
- 1 skodelica naribanega sira provolone
- ¼ skodelice sesekljanega svežega peteršilja

NAVODILA:
a) Pečico segrejte na 375°F.
b) V ponvi segrejte olivno olje na srednje močnem ognju. Dodamo na tanke rezine narezano goveje meso in kuhamo, dokler ne porjavi. Dodamo na kocke narezano čebulo, papriko in narezane gobe ter kuhamo, dokler se ne zmehčajo.
c) Na pekač razporedite tortiljine čipse v eni plasti.
d) 4. Čez čips potresite nariban sir provolone, nato pa prelijte z mešanico govejega mesa.
e) Pečemo 10-15 minut ali dokler se sir ne stopi in postane mehurček.
f) Po vrhu potresemo s sesekljanim svežim peteršiljem.

27. Koktajl sirne kroglice

SESTAVINE:
- 8 unč sira, zmehčanega
- ¼ skodelice navadnega nemastnega jogurta
- 4 unče naribanega sira čedar
- 4 unče naribanega švicarskega sira z zmanjšano vsebnostjo maščob
- 2 žlički naribane čebule
- 2 žlički pripravljenega hrena
- 1 čajna žlička podeželske dijonske gorčice
- ¼ skodelice sesekljanega svežega peteršilja

NAVODILA:
a)   Združite sir in jogurt v veliki skledi za mešanje; stepajte pri srednji hitrosti električnega mešalnika do gladkega. Dodajte sir cheddar in naslednje 4 sestavine; dobro premešamo. Pokrijte in ohladite vsaj 1 uro.
b)   Sirno zmes oblikujemo v kroglico, ki jo potresemo s peteršiljem. Peteršilj nežno vtisnite v sirno kroglico. Sirno kroglico zavijte v močno plastično folijo in ohladite. Postrezite z izbranimi neslanimi krekerji.

28. Hassel nazaj Tomato Clubs

SESTAVINE:
- 4 češpljevi paradižniki
- 2 rezini švicarskega sira, narezani na četrtine
- 4 rezine kuhane slanine, razpolovljene
- 4 rezine delikatesnega purana
- 4 listi solate Bibb
- ½ srednje zrelega avokada olupimo in narežemo na 8 rezin
- mlet poper

NAVODILA:

a) V vsakem paradižniku zarežite 4 prečne rezine, ki jih pustite na dnu nedotaknjene.

b) Vsako rezino napolnite s sirom, slanino, puranom, zeleno solato in avokadom. Potresemo s poprom.

29. Gobovi in čebulni napihnjenci

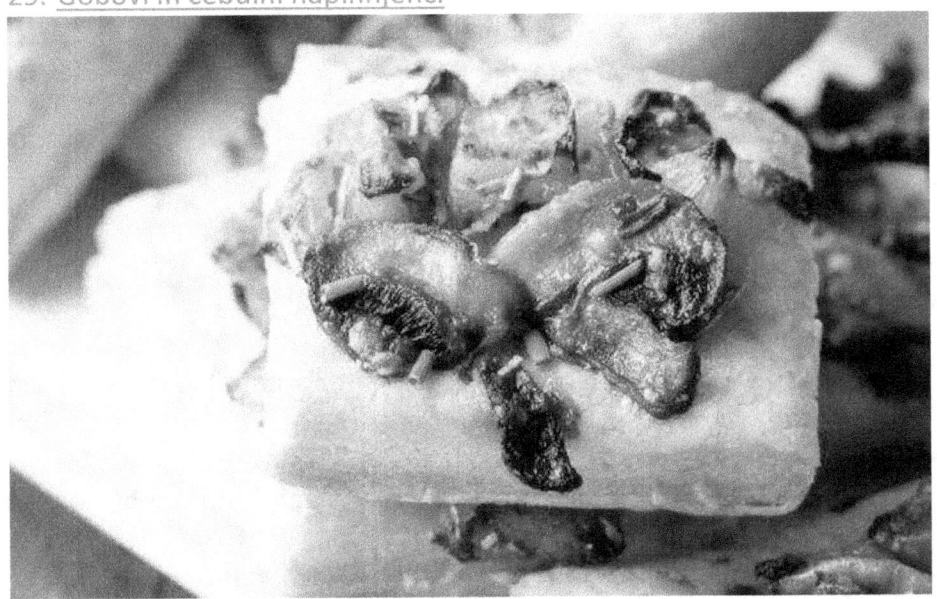

SESTAVINE:
- 1 list listnatega testa, odmrznjen
- 1 skodelica narezanih gob
- ½ skodelice sesekljane čebule
- ½ skodelice naribanega švicarskega sira
- 1 jajce, pretepeno
- Sol in poper po okusu

NAVODILA:
a) Pečico segrejte na 400 °F (200 °C).
b) Na rahlo pomokani površini razvaljajte listnato testo na približno ¼ palca debeline.
c) Listnato testo razrežemo na 9 enakih kvadratov.
d) V ponvi prepražimo gobe in čebulo, dokler se ne zmehčajo in rahlo porjavijo.
e) Na vsak kvadrat listnatega testa z žlico dajte približno 1 žlico mešanice gob in čebule.
f) Po mešanici gob in čebule potresemo nariban švicarski sir.
g) Vogale listnatega testa zapognemo navzgor in čez nadev, tako da robove stisnemo skupaj, da se zaprejo.
h) Vsako listnato testo namažite s stepenim jajcem.
i) Pečemo 15-20 minut do zlato rjave barve.
j) Postrezite toplo.

30. Fudge iz arašidovega masla

SESTAVINE:
- 1 čajna žlička plus ½ skodelice masla, razdeljeno
- 1 skodelica arašidovega masla
- 1 paket (8 unč) predelanega sira (Velveeta), narezanega na kocke
- 1 paket (2 funta) slaščičarskega sladkorja
- 1-½ čajne žličke vanilijevega ekstrakta

NAVODILA:

a) Uporabite folijo, da obložite 13-palčni x 9-palčni pekač in namažite folijo z 1 čajno žličko masla; dati na stran.

b) Zmešajte ostanke masla, sira in arašidovega masla v veliki težki ponvi. Kuhajte in mešajte na srednjem ognju, dokler se ne stopi. Odstranite z ognja. Postopoma vmešajte vanilijev in slaščičarski sladkor, dokler se ne povežeta (zmes bo gosta).

c) Raztresite v obložen pekač. Hladite 2 uri ali dokler se ne strdi.

d) Fudge vzamemo iz pekača s pomočjo folije. Vrzi folijo; narežite fudge na 1-palčne kvadrate. Dajte v nepredušno posodo za shranjevanje v hladilniku.

DIPS IN QUESO

31. Pub Cheese Dip

SESTAVINE:
- 3 žlice grobo sesekljane vložene paprike jalapeno
- 1 skodelica trdega jabolčnika
- ⅛ čajne žličke mlete rdeče paprike
- 2 skodelici naribanega zelo ostrega rumenega cheddar sira
- 2 skodelici naribanega sira Colby
- 2 žlici koruznega škroba
- 1 žlica dijonske gorčice
- 60 krekerjev

NAVODILA:
a) V srednji posodi za mešanje zmešajte sir cheddar, sir Colby in koruzni škrob. Postavite na stran.
b) V srednji ponvi zmešajte jabolčnik in gorčico.
c) Kuhamo do vretja na srednje močnem ognju.
d) Počasi vmešajte mešanico sira, po malem, dokler ni gladka.
e) Ugasnite toploto.
f) Vmešajte jalapeno in rdečo papriko.
g) Mešanico postavite v 1-litrski počasni štedilnik ali lonec za fondi.
h) Hraniti na nizkem ognju.
i) Postrežemo zraven krekerjev.

32. Čile con queso

SESTAVINE:
- 1 skodelica piščančje ali zelenjavne juhe
- 4 unče kremnega sira
- 1 žlica koruznega škroba
- 1 žlica mletega konzerviranega chipotle čilija v adobo omaki
- 1 strok česna, mlet
- ¼ čajne žličke popra
- 8 unč sira Monterey Jack, nastrganega (2 skodelici)
- 4 unče ameriškega sira, nastrganega (1 skodelica)
- 1 (10 unč) pločevinka Rotel narezanih paradižnikov in zelenih čilijev, odcejena

NAVODILA:
a) Juho v mikrovalovni pečici, kremni sir, koruzni škrob, čipolet, česen in poper v veliki skledi, občasno mešajte, dokler ni gladka in zgoščena, približno 5 minut.
b) Mešajte sir Monterey Jack in ameriški sir, dokler se dobro ne združita.
c) Mešanico prenesite v 1½-litrsko posodo za sufle.
d) Posodo postavite v počasni štedilnik in vanj nalijte vodo, dokler ne doseže približno ene tretjine sten posode (približno 2 skodelici vode).
e) Pokrijte in kuhajte, dokler se sir ne stopi, 1 do 2 uri na nizki temperaturi.
f) Po želji odstranite posodo iz počasnega kuhalnika.
g) Stepajte dip do gladkega, nato pa vmešajte paradižnik. Postrezite.

33. Tex-Mex Chili Con Queso

SESTAVINE:
- 1 žlica ekstra deviškega oljčnega olja
- ½ skodelice drobno sesekljane rumene čebule
- 2 stroka česna, nasekljana
- 1 jalapeño, drobno narezan
- 1 čajna žlička mlete kumine
- ½ čajne žličke soli
- 2 žlici koruznega škroba
- 1 skodelica piščančje kostne juhe
- 8 kosov ameriškega sira, razrezanih
- 1 skodelica narezanega paradižnika
- Svež cilantro za okras (neobvezno)

NAVODILA:
a) V litoželezni ponvi ali srednji ponvi segrejte olje na zmernem ognju in pražite čebulo, česen in jalapeño (če uporabljate sveže) s kumino, soljo in koruznim škrobom 2 do 3 minute, dokler čebula ne postekleni.
b) Prilijemo juho in kuhamo 3 do 4 minute. Nenehno mešajte, da se omaka zgosti.
c) Dodajte sir in paradižnik. Queso previdno dušite na majhnem ognju 3 do 5 minut. Premešajte in prilagodite gostoto po svojem okusu z dodajanjem več juhe ali sira.
d) Postrezite vroče s tortiljinim čipsom.

34. Pikantna koruzna pomaka

SESTAVINE:
- 1 žlica ekstra deviškega oljčnega olja
- ½ funta začinjene italijanske klobase
- 1 srednja rdeča čebula, narezana na kocke
- 1 velika rdeča paprika, narezana na kocke
- 1 skodelica kisle smetane
- 4 unče kremnega sira, pri sobni temperaturi
- 4 skodelice zamrznjene koruze, odmrznjene
- ½ skodelice sesekljane zelene čebule
- 1 velik jalapeño, narezan na kocke
- 4 stroki česna, sesekljani
- 1 žlica sesekljanega cilantra
- 2 žlički kreolske začimbe
- 1 čajna žlička mletega črnega popra
- 1 skodelica naribanega ostrega cheddar sira, razdeljena
- 1 skodelica naribanega sira Colby Jack, razdeljena
- Rastlinsko olje, za mazanje

NAVODILA:
a) Pečico segrejte na 350 stopinj F.
b) V veliki ponvi na srednjem ognju segrejte olje. Dodajte italijansko klobaso in kuhajte, dokler ne porjavi. Vanj stresite čebulo in papriko. Kuhajte, dokler se ne zmehčajo.
c) Dodajte kislo smetano in kremni sir. Mešajte, dokler se dobro ne premeša, nato dodajte koruzo, zeleno čebulo, jalapeño, česen in koriander.
d) Nadaljujte z mešanjem sestavin, dokler se vse dobro ne premeša.
e) Potresite kreolske začimbe, črni poper, ½ skodelice čedarja in ½ skodelice sira Colby Jack. Dobro premešaj.
f) Pekač rahlo namastimo, nato dodamo koruzno mešanico. Potresemo s preostalim sirom in pečemo 20 minut nepokrito. Pred serviranjem rahlo ohladimo.

35. Sirna pomaka s papriko

Porcije 8

SESTAVINE:
- 1 žlica masla
- 2 rdeči papriki, narezani na rezine
- 1 čajna žlička rdeče alepske paprike
- 1 skodelica kremnega sira, sobne temperature
- 2 skodelici sira Colby, naribanega
- 1 čajna žlička sumaka
- 2 stroka česna, nasekljana
- 1 skodelica piščančje juhe
- Sol in mleti črni poper, po okusu

NAVODILA:
a) Pritisnite gumb "Sauté", da segrejete svoj instant lonec. Ko je vroče, stopite maslo. Pražite papriko, dokler ni ravno mehka.
b) Dodajte preostale sestavine; nežno premešajte, da se združi.
c) Zavarujte pokrov. Izberite način »Ročno« in Visoki tlak; kuhamo 3 minute. Ko je kuhanje končano, uporabite hitro sprostitev pritiska; previdno odstranite pokrov.
d) Postrezite s svojimi najljubšimi keto dipperji. Dober tek!

36. Omaka s sirom in pivom

SESTAVINE:
- 1 skodelica naribanega ameriškega sira
- 1 skodelica naribanega čedar sira
- 1 skodelica piva
- 2 žlici koruznega škroba
- Sol in poper po okusu
- Tortilja čips za serviranje

NAVODILA:
a) V kozici na srednjem ognju segrejte pivo.
b) V majhni skledi zmešajte nariban ameriški sir, nariban sir cheddar in koruzni škrob. Mešajte, da se združi.
c) Dodajte sirno mešanico v ponev s pivom in mešajte, dokler se ne stopi in dobro poveže.
d) Začinimo s soljo in poprom po okusu.
e) Postrezite s tortiljinim čipsom za namakanje.

SENDVIČ, BURGERJI IN ZAVITKI

37. Ameriški sendvič s sirom in paradižnikom na žaru

SESTAVINE:
- 8 rezin belega kruha
- maslo
- Pripravljena gorčica
- 8 rezin ameriškega sira
- 8 rezin paradižnika

NAVODILA:

a) Za vsak sendvič namažite z maslom 2 rezini belega kruha. Strani, ki niso namazane z maslom, namažemo s pripravljeno gorčico in med kruh položimo 2 rezini ameriškega sira in dve rezini paradižnika z maslom namazane strani navzven.

b) Zapečemo v ponvi na obeh straneh ali na žaru, dokler se sir ne stopi.

38. Hitri sendvič z omleto Bagel

SESTAVINE:
- ¼ skodelice drobno sesekljane čebule
- 1 žlica masla
- 4 jajca
- ¼ skodelice sesekljanega paradižnika
- ⅛ čajne žličke soli
- ⅛ čajne žličke omake s pekočo papriko
- 4 rezine kanadske slanine Jones
- 4 navadne pecivo, razrezane
- 4 rezine topljenega ameriškega sira

NAVODILA:

a) V veliki ponvi z maslom prepražimo čebulo, da se zmehča. Zmešajte poprovo omako, sol, paradižnik in jajca.

b) Prenesite jajčno mešanico v ponev.

c) Medtem ko so jajca strjena, pustite, da nekuhani del steče spodaj, tako da potisnete kuhane robove proti sredini. Kuhajte, dokler se jajca ne strdijo. Medtem popečemo slanino v mikrovalovni pečici in po želji toaste bagele.

d) Po dnu peciva položite sir. Omleto narežemo na četrtine.

e) Postrezite s slanino na žemljicah.

39. Vseameriški burgerji

SESTAVINE:
PLESKAVKE
- 1 majhna čebula, narezana na majhne kocke
- Košer sol in sveže mlet črni poper
- ¾ funta mlete govedine (80% pusto)
- 2 krompirjevi žemljici, vodoravno prepolovljeni
- 1 žlica nesoljenega masla
- 4 rezine ameriškega sira
- ¼ skodelice odcejenih vloženih kumaric
- ½ skodelice ohlapno pakirane, drobno narezane zelene solate

POSEBNA OMAKA
- ½ skodelice majoneze
- ¼ skodelice kečapa
- 2 žlici sladke kisle kumarice, odcejene
- ½ čajne žličke gorčice v prahu (kot je Colmanova)
- ½ čajne žličke česna v prahu
- ½ čajne žličke čebule v prahu
- ¼ čajne žličke sladkorja

NAVODILA:
a) Dehidrirajte čebulo. Pečico segrejte na 325°F. Čebulo razporedite po majhnem pekaču v eni, enakomerni plasti. Začinimo s soljo in poprom. Pecite 25 do 27 minut, dokler se ne zmečkajo in šele začnejo rjaveti po robovih. Odstranite iz pečice in pustite, da se ohladi.

b) Oblikujte burgerje. Mleto govedino dajte v veliko skledo in začinite s ½ čajne žličke soli in ¼ čajne žličke popra. Z rokami nežno premešajte, dokler se le ne združi. Goveje meso razdelite na 4 enako velike kroglice. Kroglice postavite nekaj centimetrov narazen med dve plasti povoščenega papirja. Stisnite kroglice v tanke polpete, debele od ⅛ do ¼ palca, s premerom 4½ palca. Polpete hladite v hladilniku vsaj 5 minut.

c) Pripravite omako. V majhni skledi zmešajte majonezo, ketchup, relish, gorčico v prahu, česen v prahu, čebulo v prahu in sladkor. Začinimo s soljo in poprom.

d) Popečemo žemlje. Segrejte veliko ponev iz litega železa na srednje visoki temperaturi. Delajte v serijah in pecite žemljice v suhi ponvi, s prerezano stranjo navzdol, 1 do 2 minuti, dokler rahlo ne porjavijo. Prenesite na čisto in suho delovno površino. Dno in vrh žemljic namažite s tanko plastjo omake.

e) Skuhajte burgerje. Polpete vzamemo iz hladilnika. V isti ponvi, v kateri ste popekli žemljice, stopite maslo na srednje visoki temperaturi. Polpete tik pred kuhanjem posolimo po zgornji strani. Dve polpeti položite v ponev s soljeno stranjo navzdol. Po vrhu začinimo s soljo. Pecite 2 minuti na prvi strani ali dokler ne porjavi. Burgerje obrnite in kuhajte še 1 minuto ali dokler ne porjavijo. Prenesite na dno žemljic in takoj na vsak burger položite rezino sira. Preostala dva polpeta položite v ponev s soljeno stranjo navzdol. Po vrhu začinimo s soljo. Pecite 2 minuti na prvi strani ali dokler ne porjavi. Burgerje obrnite in vsakega obložite z rezino sira. Kuhajte še 1 minuto ali dokler ne porjavi in se sir stopi. Kuhane polpete takoj preložimo na burgerje s sirom.

f) Sestavite burgerje. Na vsak hamburger dajte 1 žlico čebule, nekaj rezin kislih kumaric, majhno pest zelene solate in vrhove žemljic. Preložimo na servirne krožnike in postrežemo.

40. Burger za zajtrk

SESTAVINE:
- 6 unč puste mlete govedine
- 4 rezine slanine, pečene do hrustljave
- Sol po okusu
- Živalska maščoba
- 2 žemljici za burger
- 2 rezini ameriškega sira
- 2 srednji jajci, ocvrti
- 2 pečenka, kuhana in na toplem

NAVODILA:
j) Goveje meso oblikujte v tanke enakomerne polpete. Posolimo.
k) Rešetko namažite z živalsko maščobo in nanjo položite polpete.
l) Pečemo na žaru približno 4 minute na vsako stran.
m) Burgerje odstranite z žara in vsakega položite v žemljo.
n) Na vrh položite rezino sira, slanino, ocvrto jajce in rjavo meso.

41. Spam heroj s sirom na žaru

SESTAVINE:
- 4 rezine švicarskega sira
- 2 paradižnika Plum, tanko segmentirana
- 8 kosov italijanskega kruha
- 1 lahko SPAM
- ¼ skodelice dijonske gorčice
- ¼ skodelice na tanke segmente narezane zelene čebule
- 4 rezine ameriškega sira
- 2 žlici masla ali margarine

NAVODILA:
a) Sir in paradižnik enakomerno položite na 4 dele kruha. Položite SPAM čez paradižnike.
b) Spam namažite z gorčico. Potresemo s čebulo.
c) vrh z ameriškim sirom in preostalimi kosi kruha.
d) V velikem ponvi raztopimo maslo. Dodajte sendviče in jih na zmernem ognju pecite na žaru, dokler ne porjavijo in se sir stopi, pri čemer jih enkrat zavrtite.

42. Provolone Pesto

SESTAVINE:
- 2 rezini italijanskega kruha
- 2 rezini paradižnika
- 1 žlica zmehčanega masla, razdeljeno
- 1 rezina ameriškega sira
- 1 žlica pripravljene pesto omake, razdeljena
- 1 rezina sira provolone

NAVODILA:
a) ½ žlice masla enakomerno porazdelite po 1 rezini. V ponev, ki se ne sprijema, razporedite rezino z masleno stranjo navzdol na srednji vročini.
b) Na vrh z maslom namazane rezine enakomerno položite ½ žlice pesta, nato pa rezino sira provolone, rezine paradižnika in rezino ameriškega sira.
c) Preostali pesto enakomerno položite na drugo rezino in pokrijte rezino v ponvi s stranjo pesta navzdol.
d) Zdaj sendvič premažite s preostalim maslom in vse skupaj pecite približno 5 minut z obeh strani oziroma do zlato rjave barve.

43. Copycat v N' Out Burgerju

SESTAVINE:
BURGERJI:
- 1 lb mlete govedine (zaželeno 80/20)
- Sol in poper
- 4 rezine rumenega ameriškega sira

SESTAVINE OMAKE
- ⅓ skodelice majoneze
- 1 žlica kečapa brez sladkorja
- 1 čajna žlička gorčice
- 2 žlici na kocke narezanih kislih kumaric
- 1-2 čajni žlički soka kislih kumaric
- ½ čajne žličke soli
- ½ čajne žličke paprike
- ½ čajne žličke česna v prahu

PRELIVI:
- Iceberg Solata "žemljice"
- Narezan paradižnik
- Kisle kumarice
- ½ rumene čebule, narezane na tanke rezine
- Izbirno - Smart Buns

NAVODILA:

a) Začnite s pripravo omake. V majhni skledi zmešajte majonezo, kečap brez sladkorja, 1 čajno žličko gorčice, narezane kisle kumarice, sok kislih kumaric in začimbe. Zmešajte in preizkusite okus. Okusi se sčasoma bolje zlijejo, zato se lahko prilagodite.

b) Za pripravo polpetov za hamburger odmerite 2 unči mesa na polpet in jih zvaljajte v mesne kroglice. Ponovite, tako da boste imeli skupaj 10 mesnih kroglic. Vrhove začinite z morsko soljo in mletim črnim poprom.

c) Segrejte litoželezno rešetko na visoko temperaturo. Po potrebi v ponev dodajte malo olja. Na rešetko ali ponev položite dve mesni kroglici, uporabite široko lopatko in pritisnite.

d) Zgornji del (neobvezno) namažite z gorčico, preden ga obrnete. Delajte hitro. Ko se zdi, da robovi porjavijo, jih obrnite.

e) Na eno pleskavico za burger položimo en kos ameriškega sira in čeznjo zložimo drugo polpetico.

f) Za sestavljanje začnite s spodnjim kosom zelene solate, dodajte narezano čebulo, dvojno zloženo pleskavico, paradižnik, kisle kumarice in omako.

g) Pokrijte z drugo solatno žemljico in jo poglobite!

44. Buritos iz sladkega krompirja in jajc

SESTAVINE:
ZA KROMPIR
- 1 skodelica vode ali zelenjavne osnove
- ½ funta sladkega krompirja, olupljenega in narezanega na majhne kocke
- Košer ali drobna morska sol in sveže mlet črni poper
- Za nadev
- 2 žlici olivnega ali rastlinskega olja, razdeljeno
- ½ čebule, drobno sesekljane
- ½ rdeče paprike brez semen in drobno sesekljane
- 1 čajna žlička chipotle prahu
- 1 skodelica konzerviranega črnega fižola brez glutena, opranega in odcejenega
- 6 velikih jajc

ZA MONTAŽO
- 4 velike tortilje brez glutena
- ½ skodelice paradižnika, salse Verde, salse Roja ali pico de gallo
- 1 skodelica naribanega sira Monterey Jack, poper Jack ali Colby
- Sveže iztisnjen sok limete Sveži listi cilantra, sesekljani

NAVODILA:
KROMPIR
a) Nalijte vodo na dno notranjega lonca vašega električnega lonca na pritisk.

b) V lonec postavite košaro za kuhanje na pari in vanjo zložite krompir. Zaprite in zaklenite pokrov ter se prepričajte, da je ročaj za izpust pare v tesnilnem položaju. Kuhajte na visokem tlaku 2 minuti.

c) Seveda sprostite tlak za 2 minuti, nato pa hitro sprostite preostali tlak tako, da obrnete ročico za izpust pare na odzračevanje. Pritisnite Prekliči. Odklenite pokrov in ga previdno odprite.

d) Krompir vzamemo iz lonca, začinimo s soljo in poprom, odstavimo in pustimo na toplem. Krompir lahko skuhate en dan vnaprej in ga ponovno segrejete, preden skuhate jajca in sestavite buritose.

POLNJENJE
e) Medtem ko se krompir kuha, v 10-palčni (25 cm) ponvi segrejte 1 žlico (15 ml) olja in pražite čebulo in papriko 5 minut, da se rahlo zmehčata.

f) Dodajte čipotle v prahu in fižol v ponev, segrejte. Zelenjavo z rešetkasto žlico preložimo v skledo in jo pokrijemo, da ostane topla.

g) V ponev dodajte preostalo 1 žlico (15 ml) olja. Jajca stepamo v skledi, dokler se ne zmešajo, nato jih vlijemo v ponev in ob stalnem mešanju kuhamo, dokler niso umešana.

h) Ponev odstavimo z ognja. Z lopatko nasekljajte jajca na majhne koščke. Fižol in zelenjavo vmešamo v jajca in pustimo na toplem.

MONTAŽA

i) Tortilje rahlo segrejte in na vsako položite četrtino krompirja in četrtino jajc. Na vrh dajte 2 žlici (30 g) salse in približno ¼ skodelice (30 g) naribanega sira.

j) Potresemo z nekaj limetinega soka in malo cilantra, previdno zvijemo in še tople postrežemo.

45. Philly-Style Cheese-zrezek

SESTAVINE:

- 2 papriki
- 1 majhna rumena čebula
- 1 lb (450 g) na tanke rezine narezane goveje trakove
- 3 skodelice narezanih gob
- 1 žlica olja
- 1 pakiranje začimbe za sirne bisteke v stilu Philly
- 1 skodelica naribane mocarele ali sira provolone
- 6 hoagie zvitkov, popečenih

NAVODILA:

a) Pečico segrejte na 375° F. Linijski ponev s podlogo za ponev.
b) Papriko narežemo in čebulo na tanko narežemo.
c) V veliki skledi zmešajte papriko, čebulo, govedino, gobe, olje in začimbe. Mešajte, dokler ni dobro prevlečen.
d) Razporedite v eni plasti po pekaču, kolikor je le mogoče. Pražimo 15 min.
e) Odstranite iz pečice; potresemo s sirom.
f) Ponovno postavimo v pečico in pražimo 2 minuti oziroma dokler se sir ne stopi.
g) Postrezite v hoagie zvitkih.

46. Pečeni sendviči z jajčevci

SESTAVINE:
- 1 čajna žlička olivnega olja
- 2 jajci
- ½ skodelice večnamenske moke ali več po potrebi
- sol in sveže mlet črni poper po okusu
- 1 ščepec kajenskega popra ali več po okusu
- 1 skodelica panko drobtin
- 8 rezin jajčevcev, narezanih na 3/8 palca debelo
- 2 rezini sira provolone, narezan na četrtine
- 12 tankih rezin salame
- 2 ⅔žlice olivnega olja, razdeljeno
- 2 ⅔žlice drobno naribanega sira Parmigiano-Reggiano, razdeljeno

NAVODILA:
a) Pečico segrejte na 425 stopinj F (220 stopinj C). Pekač obložite z aluminijasto folijo.
b) V majhni, plitvi skledi stepite jajca. V veliki plitvi posodi zmešajte moko, sol, črni poper in kajenski poper. Panko drobtine stresite v drugo veliko plitvo posodo.
c) Na vrh ene rezine jajčevca položite ¼ rezine sira provolone, 3 rezine salame in ¼ rezine sira provolone. Na vrh položimo enako veliko rezino jajčevca. Ponovite s preostalimi rezinami jajčevca, sirom in salamo.
d) Vsak sendvič z jajčevcem nežno potisnite v začinjeno moko, da ga premažete; otresite odvečno. Obe strani vsakega sendviča pomočite v stepeno jajce, nato pa ga pretlačite v panko drobtine. Postavite na pripravljen pekač, medtem ko delate preostale sendviče z jajčevci.
e) Na folijo nakapajte 1 čajno žličko oljčnega olja v krogu s premerom približno 3 centimetre; na naoljeno mesto položite sendvič z jajčevci. Po sendviču potresite približno 1 čajno žličko sira Parmigiano-Reggiano. Ponovite s preostalimi 3 sendviči, območje na foliji pokapljajte z oljčnim oljem, položite sendvič na olje in prelijte s parmezanom. Vrhove vsakega sendviča pokapajte z 1 čajno žličko olivnega olja.
f) Pečemo v ogreti pečici 10 minut. Obrnite sendviče in na vrh potresite 1 čajno žličko sira Parmigiano-Reggiano. Pecite, dokler ne porjavi in se nož za lupljenje zlahka vstavi v jajčevce, še 8 do 10 minut. Postrezite toplo ali pri sobni temperaturi.

47. File ribjega burgerja

SESTAVINE:
- 1 zamrznjena pohana polpetica iz bele ribe
- 1 majhna navadna žemljica za hamburger
- 1 žlica pripravljene tatarske omake
- ½ rezine pravega ameriškega sira
- sol
- 1 12"x12" list povoščenega papirja (za zavijanje)

NAVODILA:
a) Predgrejte cvrtnik na 375-400 stopinj. Ko je pripravljena, kuhajte ribe 3-5 minut, dokler niso pripravljene.
b) Odstranite in dodajte kanček soli.
c) Žemljico segrejte v mikrovalovni pečici približno 10 sekund, dokler ni vroča in soparna.
d) Dodajte približno 1 žlico pripravljene tatarske omake na kronsko stran žemlje.
e) Na vrh položimo kuhan ribji file, na sredino ribe dodamo ½ rezine ameriškega sira in dodamo peto žemlje.
f) Zavijte v 12"x12" list povoščenega papirja in segrevajte na najnižji nastavitvi pečice 8-10 minut.

48. PortobelloItalijanski podsendvič

SESTAVINE:
- 8 velikih gob Portobello, očiščenih
- 2 žlici ekstra deviškega oljčnega olja
- Košer sol
- 1 žlica rdečega vinskega kisa
- 1 žlica drobno sesekljanih feferonov s semeni
- ½ čajne žličke posušenega origana
- Sveže mleti črni poper
- 2 unči narezanega provolona (približno 4 rezine)
- 2 unči tanko narezane šunke z nizko vsebnostjo natrija (približno 4 rezine)
- 1 unča tanko narezane genovske salame (približno 4 rezine)
- 1 majhen paradižnik, narezan na 4 rezine
- ½ skodelice narezane solate ledenke
- 4 s pimentom polnjene olive

NAVODILA:
a) V zgornjo tretjino pečice postavite rešetko in segrejte brojlerja.
b) Gobam odstranite stebla in jih zavrzite.
c) Šampinjonove klobuke položite s škrgami navzgor in jim z ostrim nožem v celoti odstranite škrge (da bodo klobučki ravno ležali).
d) Šampinjonove klobuke razporedite po pekaču, vse skupaj premažite z 1 žlico olja in potresite s ¼ žličke soli.
e) Pražite, dokler se klobučki ne zmehčajo, in jih obrnite do polovice, 4 do 5 minut na stran. Pustite, da se popolnoma ohladi.
f) V majhni skledi zmešajte kis, feferončine, origano, preostalo 1 žlico olja in nekaj mletega črnega popra.

SESTAVITE SENDVIČE
g) En gobji klobuk z odrezano stranjo navzgor razporedite na delovno površino. Zložite 1 kos provolona, da se prilega vrhu pokrovčka, in ponovite z 1 rezino šunke in salame.
h) Na vrh položite 1 rezino paradižnika in približno 2 žlici zelene solate. Pokapljajte z nekaj pepperoncini vinaigrette. Sendvič z drugim gobovim klobukom in pritrdite z zobotrebcem, na katerem je narezana oliva. Ponovite s preostalimi sestavinami, da naredite še 3 sendviče.
i) Vsak sendvič do polovice zavijte v voščen papir (to bo pomagalo ujeti ves sok) in postrezite.

49. Kislo testo, provolone, pesto

SESTAVINE:
- ½ skodelice ekstra deviškega oljčnega olja
- 8 rezin kruha iz kislega testa
- ¼ skodelice pesta
- 16 tankih rezin sira Provolone
- 12 tankih rezin pršuta
- 4 cele, pečene rdeče paprike, julienirane

NAVODILA:
a) Vaš Panini žar segrejte po navodilih proizvajalca.
b) Vsako polovico kruha namažite s pestom, preden na spodnjo polovico položite polovico sira, pršut, trakove paprike in preostali sir ter jo zaprite, da naredite sendvič.
c) Na vrh damo nekaj masla in ta Panini pečemo na predhodno segretem žaru približno 4 minute oziroma dokler zunanjost ne postane zlato rjava.

50. Gurmanska vroča šunka in sir

SESTAVINE:
- 2 velika rogljička
- 4 rezine šunke
- 4 rezine švicarskega sira
- 1 žlica dijonske gorčice
- 1 žlica medu
- 1 žlica nesoljenega masla
- Svež peteršilj, sesekljan (neobvezno)

NAVODILA:
a) Pečico segrejte na 375°F.
b) Rogljičke po dolgem prerežemo na pol.
c) Na spodnjo polovico vsakega rogljička namažite ½ žlice dijonske gorčice.
d) Na vrh gorčice položite 2 rezini šunke in 2 rezini švicarskega sira.
e) Po siru pokapljajte ½ žlice medu.
f) Rogljiček zapremo z zgornjo polovico.
g) V ponvi proti prijemanju na srednjem ognju stopite ½ žlice masla.
h) Rogljičke položite na ponev in jih pecite 1-2 minuti na vsaki strani ali dokler se sir ne stopi in rogljički zlato rjavo zapečejo.
i) Rogljičke prestavimo na pekač.
j) Pečemo v ogreti pečici 5-7 minut, oziroma dokler se rogljički ne segrejejo.
k) Odstranite iz pečice in pustite, da se ohladi za minuto.
l) Po rogljičkih potresemo sesekljan peteršilj.
m) Postrezite in uživajte v okusnem gurmanskem vročem rogljičku s šunko in sirom!

51. Kubanci

SESTAVINE:
- 4 (6-palčni) junaki zvitki
- ¼ skodelice (½ palčke) nesoljenega masla pri sobni temperaturi
- 4 čajne žličke dijonske gorčice
- ¼ skodelice majoneze
- ½ funta tanko narezanega švicarskega sira
- 1 skodelica odcejenih vloženih kumaric ali na tanke rezine narezanih kislih kumaric
- ½ funta na tanke rezine narezanega ostanka pečene svinjske plečetke
- ½ funta tanko narezanega pršuta cotto

NAVODILA:
a) Namažite kruh. Zvitke vodoravno prerežite na pol. Zunanjost vsake polovice namažite z maslom. Položite na ponev s prerezano stranjo navzgor.

b) Zgradite sendvič. Spodnji del vsakega zvitka namažite z 1 čajno žličko gorčice, zgornji del zvitka pa z 1 žlico majoneze. Rezine sira prerežite na pol in jih razdelite na dno zvitkov. Na vrh položite plast kislih kumaric, svinjsko pečenko in šunko. Pokrijte z zvitki.

c) Sendviče prepražimo. Veliko ponev iz litega železa segrejte na srednje nizki temperaturi, dokler ni vroča. Delajte v serijah, če je potrebno, sendviče previdno prenesite v ponev. Pokrijte z aluminijasto folijo in na vrh postavite velik težek lonec.

d) Kuhajte, občasno pritiskajte na lonec, 4 do 5 minut, dokler dno ni zlato rjavo in hrustljavo.

e) Obrnite sendviče in zamenjajte aluminijasto folijo in težak lonec.

f) Kuhajte 4 do 5 minut, dokler druga stran ni zlato rjava in se sir popolnoma stopi. Sendviče prestavimo na desko za rezanje in pod kotom prerežemo na pol.

g) Preložimo v servirne posode in postrežemo.

52. Topli sendviči ob tabornem ognju

SESTAVINE:
- Paketi majhnih večernih žemljic ali 2 ducata kajerjevih žemljic
- 1½ funta naribane delikatesne šunke
- ½ bloka naribanega sira Velveeta
- 7 trdo kuhanih jajc, narezanih na kocke
- 3 žlice majoneze

NAVODILA:
a) Vse sestavine združimo in napolnimo zvitke.
b) Vsak sendvič posebej zavijte v folijo in segrevajte na tabornem ognju približno 15 minut.

GLAVNA JED

53. Cvrčeči piščanec in sir

SESTAVINE:
- 2 (4 unče) piščančje prsi
- 2 žlici sesekljanega česna
- 2 žlici sesekljanega peteršilja
- 1 čajna žlička zdrobljenega rdečega čilija
- ¼ čajne žličke črnega popra
- ¼ čajne žličke soli
- 4 razdeljene žlice oljčnega olja
- 1 julien zelena paprika
- 1 julien rdeča paprika
- 1 julienirana rumena čebula
- 4 skodelice kuhanega pire krompirja
- ½ skodelice naribanega belega sira Chihuahua
- 2 rezini ameriškega sira

NAVODILA:

a) Piščančje prsi zdrobite na enakomerno debelino.

b) V vrečki z zadrgo zmešajte česen, peteršilj, čili, poper, sol in 2 žlici oljčnega olja.

c) Piščančje prsi položite v marinado in ohladite 2–4 ure.

d) V litoželezni ponvi na zmernem ognju segrejte preostalo olivno olje in prepražite piščanca

e) prsi 5 minut na vsako stran, dokler ne postanejo zlato rjave barve. Odstranite iz pekača.

f) Papriko in čebulo pražimo 2–3 minute, dokler nista al dente. Odstranite iz ponve.

g) Na gorilniku segrejte ponev iz litega železa, dokler ni zelo vroča. V ponev položite pire krompir,

h) nato dodajte sir, papriko in čebulo.

i) Na krompir položite piščanca. Kuhajte, dokler se ne segreje. Postrezite iz vroče ponve.

54. Piščančji Fajitas

SESTAVINE:
- 1 žlica koruznega škroba
- 2 žlički čilija v prahu
- 1 čajna žlička soli
- 1 čajna žlička paprike
- 1 čajna žlička sladkorja
- ¾ čajne žličke zdrobljene piščančje bujonske kocke
- ½ čajne žličke čebule v prahu
- ¼ čajne žličke česna v prahu
- ¼ čajne žličke kajenskega popra
- ¼ čajne žličke kumine
- 2 veliki piščančji prsi brez kože
- ½ skodelice sesekljane zelene paprike
- ½ skodelice narezane bele čebule
- 2 žlici McDonald'sove začimbe fajita
- 2 žlici vode
- ½ čajne žličke belega kisa
- ¼ čajne žličke limetinega soka iz koncentrata
- 2 rezini pravega ameriškega sira
- 4 8" tortilje iz moke
- olje za kuhanje

NAVODILA:
a) Piščanca narežite na majhne trakove, ne daljše od dveh centimetrov, debele približno ¼ palca.
b) V majhni skledi zmešajte začimbo fajita z vodo, kisom in limetinim sokom.
c) V zgornji mešanici mariniramo piščanca, pokritega in ohlajenega nekaj ur.
d) Marinirane piščančje trakove kuhajte v voku na zmernem ognju do rjave barve. (ohranite marinado) Uporabite jedilno olje, da preprečite sprijemanje.
e) Dodamo zeleno papriko in čebulo ter med mešanjem pražimo približno 1 minuto.
f) Dodamo preostalo marinado in med mešanjem pražimo, dokler tekočina ne "uide".
g) Na sredino ene mokaste tortilje z žlico dajte ¼ mešanice in dodajte ½ rezine ameriškega sira.
h) Potresemo s kančkom vnaprej zmešane začimbe fajita.
i) Zložite kot burrito z enim odprtim koncem in zavijte v 12x12 list voščenega papirja. Pustite stati 5-7 minut.
j) Mikrovalovna pečica, še vedno zavita, 15 sekund vsakega. (ločeno)

55. Mesna štruca s sirom

SESTAVINE:
- 2 lbs. mleto goveje meso
- 1 skodelica drobtin
- 2 jajci
- 1 skodelica naribanega ameriškega sira
- ¼ skodelice kečapa
- 1 žlica Worcestershire omake
- 1 žlička soli
- ½ žličke črnega popra

NAVODILA:
a) Pečico segrejte na 350°F.
b) V posodi za mešanje zmešajte mleto govedino, krušne drobtine, jajca, nariban ameriški sir, kečap, Worcestershire omako, sol in poper. Dobro premešaj.
c) Mešanico prenesite v pomaščen pekač in pritisnite, da se enakomerno porazdeli.
d) Pečemo 1 uro oziroma dokler mesna štruca ni pečena.
e) Po vrhu potresemo z dodatnim naribanim ameriškim sirom in vrnemo v pečico za 5-10 minut ali dokler se sir ne stopi in postane mehurček.

56. Zrezek na žaru z maslom iz modrega sira

SESTAVINE:
- 4 rebulni zrezki
- 4 žlice masla, zmehčanega
- ¼ skodelice zdrobljenega modrega sira
- ¼ skodelice naribanega ameriškega sira
- 1 žlička Worcestershire omake
- Sol in poper po okusu

NAVODILA:
a) Žar ali žar ponev segrejte na visoko temperaturo.
b) Rebule zrezke posolimo in popopramo.
c) V posodi za mešanje zmešajte zmehčano maslo, nadrobljen modri sir, nariban ameriški sir in Worcestershire omako. Dobro premešaj.
d) Zrezke pečemo na žaru 4-5 minut na vsaki strani za srednje pečene.
e) Vsak zrezek prelijte s kančkom masla z modrim sirom in pustite, da se stopi nad zrezkom.

57. S sirom polnjene piščančje prsi

SESTAVINE:
- 4 piščančje prsi brez kosti in kože
- 1 skodelica naribanega ameriškega sira
- ¼ skodelice sesekljanega svežega peteršilja
- Sol in poper po okusu
- 1 žlica oljčnega olja

NAVODILA:
a) Pečico segrejte na 375°F.
b) Z ostrim nožem v vsaki piščančji prsi zarežite žep.
c) V posodi za mešanje zmešajte nariban ameriški sir, sesekljan peteršilj, sol in poper. Dobro premešaj.
d) Vsake piščančje prsi nadevajte s sirno mešanico in jih pritrdite z zobotrebci.
e) V veliki ponvi, primerni za pečico, na srednje močnem ognju segrejte oljčno olje. Piščančje prsi popečemo z vseh strani.
f) Ponev prestavimo v predhodno ogreto pečico in pečemo 20-25 minut ali dokler ni piščanec pečen in sir stopljen in mehurček.

58. Enolončnica s sirom iz brokolija in piščanca

SESTAVINE:
- 2 skodelici kuhanega, narezanega piščanca
- 2 skodelici sesekljanega brokolija
- ¼ skodelice masla
- ¼ skodelice večnamenske moke
- 2 skodelici mleka
- 2 skodelici naribanega ameriškega sira
- Sol in poper po okusu
- ½ skodelice drobtin

NAVODILA:
a) Pečico segrejte na 350°F.
b) V veliki skledi za mešanje zmešajte kuhanega, natrganega piščanca in sesekljan brokoli. Dobro premešaj.
c) V kozici na srednjem ognju raztopimo maslo. Vmešajte moko do gladkega.
d) Postopoma dodajamo mleko in ob stalnem mešanju kuhamo še toliko časa, da se zmes zgosti.
e) Vmešajte nariban ameriški sir, dokler se ne stopi in postane gladek. Začinimo s soljo in poprom.
f) Prelijte sirovo omako čez mešanico piščanca in brokolija v skledo za mešanje. Dobro premešaj.
g) Zmes prenesite v namaščen pekač velikosti 9x13 centimetrov.
h) Potresemo z drobtinami.
i) Pečemo 25-30 minut ali dokler enolončnica ni vroča in mehurčkasta.

SOLATE IN PRILOGE

59. Sirni krompir na žaru

SESTAVINE:
- 3 rdečerjavi krompirji, vsak narezan na 8 vzdolžnih klinov
- 1 čebula, tanko narezana
- 2 žlici olivnega olja
- 1 žlica svežega peteršilja narezanega na kocke
- ½ čajne žličke česna v prahu
- ½ čajne žličke soli
- ½ čajne žličke grobo mletega popra
- 1 skodelica naribanega sira cheddar ali sira Colby-jack

NAVODILA:
a) V veliki posodi zmešajte rezine krompirja, čebulo, olje, peteršilj, česen v prahu, sol in poper.
b) Postavite v pekač za žar v foliji v eni plasti.
c) Pokrijte z drugo folijo, da oblikujete paket. Zavarjeni rob paketa ojačajte s folijo.
d) Postavite na žar na zmeren ogenj; kuhajte 40 do 50 minut ali dokler se ne zmehča, občasno pretresite zavitek in ga na polovici pečenja obrnite na glavo.
e) Odstranite pokrov; vrh s sirom.
f) Pokrijte in kuhajte še 3 do 4 minute, dokler se sir ne stopi.

60. Cezarjeva solata z ameriškimi sirnimi krutoni

SESTAVINE:
- 1 glava zelene solate, sesekljane
- ½ skodelice naribanega parmezana
- ¼ skodelice oljčnega olja
- 2 žlici dijonske gorčice
- 2 stroka česna, nasekljana
- 1 žlica Worcestershire omake
- Sol in poper po okusu
- 4 rezine ameriškega sira, narezane na majhne kocke
- 4 rezine kruha, narezane na majhne kocke

NAVODILA:
a) Pečico segrejte na 350°F.
b) V veliki posodi za mešanje zmešajte sesekljano solato romaine in nariban parmezan. Dobro premešaj.
c) V ločeni majhni posodi za mešanje zmešajte olivno olje, dijonsko gorčico, sesekljan česen, worcestershire omako, sol in poper.
d) Preliv prelijemo čez solatno mešanico in dobro premešamo.
e) Kocke ameriškega sira in kruhove kocke razporedimo po pekaču.
f) Pečemo 10-15 minut oziroma dokler se sir ne stopi in kruhove kocke hrustljavo zapečejo.
g) Dodajte sirove krutone v solato in dobro premešajte, preden postrežete.

61. Ameriška krompirjeva solata s sirom in slanino

SESTAVINE:
- 2 funta krompirja, olupljenega in narezanega na majhne koščke
- ½ skodelice majoneze
- ¼ skodelice kisle smetane
- ¼ skodelice sesekljane zelene čebule
- ½ skodelice sesekljane kuhane slanine
- 1 skodelica naribanega ameriškega sira
- Sol in poper po okusu

NAVODILA:
a) Narezan krompir skuhamo v velikem loncu slane vode, dokler se ne zmehča.
b) Krompir odcedimo in pustimo, da se ohladi na sobno temperaturo.
c) V veliki posodi za mešanje zmešajte majonezo, kislo smetano, sesekljano zeleno čebulo, sesekljano kuhano slanino, nariban ameriški sir, sol in poper. Dobro premešaj.
d) Ohlajen krompir dodamo v skledo in mešamo toliko časa, da ga prelijemo s prelivom.
e) Krompirjevo solato ohladite v hladilniku vsaj 1 uro, preden jo postrežete.

62. Koruza na žaru z ameriškim sirom in limeto

SESTAVINE:
- 4 klasje koruze, oluščenih
- 2 žlici oljčnega olja
- ½ skodelice naribanega ameriškega sira
- 1 limeta, narezana na kolesca
- Sol in poper po okusu

NAVODILA:
a) Žar segrejte na srednje visoko temperaturo
b) Koruzno klasje premažite z olivnim oljem ter potresite s soljo in poprom.
c) Koruzo pečemo na žaru 8-10 minut ali dokler ni mehka in rahlo zoglenela, občasno jo obrnemo.
d) Koruzo odstranimo z žara in potresemo z naribanim ameriškim sirom.
e) Pred serviranjem na koruzo stisnite rezine limete.

63. Cobb solata z ameriškim sirom

SESTAVINE:
- 4 skodelice mešane zelene solate
- 2 skodelici kuhanih in narezanih piščančjih prsi
- 4 trdo kuhana jajca, sesekljana
- 4 rezine kuhane slanine, zdrobljene
- 1 avokado, narezan na kocke
- ½ skodelice češnjevih paradižnikov, prepolovljenih
- ½ skodelice zdrobljenega modrega sira
- ½ skodelice naribanega ameriškega sira
- Sol in poper po okusu
- Ranch preliv za serviranje

NAVODILA:

a) Mešano zeleno solato razporedite po velikem servirnem krožniku.

b) Po zelenju razporedimo kuhane in narezane piščančje prsi, trdo kuhana jajca, nadrobljeno slanino, na kocke narezan avokado in razpolovljene češnjeve paradižnike.

c) Po vrhu solate potresemo nadrobljen modri sir in nastrgan ameriški sir.

d) Solato po okusu začinimo s soljo in poprom.

e) Solato postrezite z ranch prelivom ob strani.

64. Ameriška solata s sirom in brokolijem

SESTAVINE:
- 4 skodelice sesekljanih cvetov brokolija
- ¼ skodelice narezane rdeče čebule
- ½ skodelice majoneze
- ¼ skodelice kisle smetane
- 1 žlica jabolčnega kisa
- 1 žlica medu
- ½ čajne žličke česna v prahu
- ½ skodelice naribanega ameriškega sira
- Sol in poper po okusu

NAVODILA:
a) V veliki posodi za mešanje zmešajte sesekljane cvetove brokolija in na kocke narezano rdečo čebulo.
b) V ločeni skledi zmešajte majonezo, kislo smetano, jabolčni kis, med in česen v prahu.
c) Preliv prelijemo čez mešanico brokolija in premešamo.
d) Po vrhu solate potresemo nariban ameriški sir.
e) Solato po okusu začinimo s soljo in poprom.

65. Jabolčna in ameriška solata s sirom

SESTAVINE:
- 4 skodelice mešane zelene solate
- 1 jabolko, narezano
- ¼ skodelice narezanih mandljev
- ¼ skodelice posušenih brusnic
- ½ skodelice naribanega ameriškega sira
- Sol in poper po okusu
- Balzamični vinaigrette za serviranje

NAVODILA:
a) Mešano zeleno solato razporedite po velikem servirnem krožniku.
b) Po zelenju razporedimo narezano jabolko, narezane mandlje in suhe brusnice.
c) Po vrhu solate potresemo nariban ameriški sir.
d) Solato po okusu začinimo s soljo in poprom.
e) Solato postrezite z balzamičnim vinaigretom ob strani.

PICA IN TESTENINE

66. Pica s feferoni z vrtno baziliko

SESTAVINE:
- Kruh brez gnetenja in testo za pico, ½ funta
- Ekstra deviško oljčno olje, ena žlica
- Provolone sir, ena skodelica, nariban
- Češnjev paradižnik, 2 skodelici
- Mozzarella sir, ena skodelica, nariban
- Zdrobljen paradižnik v pločevinkah, ¾ skodelice
- Feferoni narezani, 8 kosov
- 1 strok česna, sesekljan ali nariban
- Košer sol in sveže mlet poper
- Sveža bazilika, za okras

NAVODILA:
a) Testo razvaljamo na površini, ki smo jo rahlo potresli z moko.
b) Testo nežno prestavite na pripravljen pekač.
c) Na vrh položimo mocarelo in provolone skupaj s strtim paradižnikom.
d) Po vrhu razporedimo feferoni.
e) Zmešajte češnjev paradižnik, česen, olivno olje, sol in poper.
f) Enakomerno porazdelite po pici.
g) Pečemo 10 do 15 minut pri 450°F.
h) Na vrh položite sveže liste bazilike.
i) Narežite in uživajte.

67. Feferoni lazanja

SESTAVINE:
- ¾ lb mlete govedine
- ¼ čajne žličke mletega črnega popra
- ½ lb salame, sesekljane
- 9 rezancev za lazanjo
- ½ lb feferoni klobase, sesekljane
- 4 skodelice naribanega sira mozzarella
- 1 čebula, mleto
- 2 skodelici skute
- 2 (14,5 unč) pločevinki dušenih paradižnikov
- 9 rezin belega ameriškega sira
- 16 unč paradižnikove omake
- nariban parmezan
- 6 unč paradižnikove paste
- 1 čajna žlička česna v prahu
- 1 čajna žlička posušenega origana
- ½ čajne žličke soli

NAVODILA:
a) Pražite feferone, govedino, čebulo in salamo 10 minut. Odstranite odvečno olje. Vse skupaj z malo popra, paradižnikovo omako in pasto, soljo, dušenimi paradižniki, origanom in česnom v prahu 2 uri dajte v svoj počasen kuhalnik.
b) Pred nadaljevanjem vklopite pečico na 350 stopinj.
c) Lazanjo kuhajte v slani vodi do al dente 10 minut, nato odstranite vso vodo.
d) V pekač rahlo pokrijte omako in nato položite: ⅓ rezancev, 1 ¼ skodelice mocarele, ⅔ skodelice skute, rezine ameriškega sira, 4 čajne žličke parmezana, ⅓ mesa. Nadaljujte, dokler posoda ni polna.
e) Kuhajte 30 minut.

68. Queso Mac in sir

SESTAVINE:
- 1 funt komolčnih makaronov
- Ščepec soli in črnega popra
- 12 unč ameriškega sira, belega
- 8 unč sira cheddar, ekstra oster
- 6 žlic. nesoljenega masla
- 6 žlic. večnamenske moke
- 4 skodelice polnomastnega mleka
- 2,8-unčne pločevinke paradižnika in zelenega čilija, narezanega na kocke
- 1,8 unča pločevinka zelenega čilija, blag
- ½ skodelice listov cilantra, svežih in grobo narezanih
- 1 skodelica zdrobljenega tortiljinega čipsa
- ½ čajne žličke. čilija v prahu

NAVODILA:
a) Najprej segrejte pečico na 425 stopinj.
b) Medtem ko se pečica segreva, v loncu z vodo skuhamo testenine po NAVODILU: na embalaži. Ko so testenine kuhane, jih odcedimo in odstavimo.
c) V srednjo skledo dodajte ameriški sir in sir cheddar. Dobro premešamo, da se zmeša.
d) Veliko nizozemsko pečico postavite na srednji ogenj. Dodajte nesoljeno maslo. Ko se maslo stopi, dodamo moko. Stepajte do gladkega in kuhajte 1 minuto. Dodajte mleko in premešajte. Nadaljujte s kuhanjem 8 minut ali dokler ne dobi goste konsistence.
e) Dodajte paradižnik iz pločevinke in čili. Preden odstavite z ognja, kuhajte 2 minuti.
f) Dodajte 4 skodelice sirne mešanice in dobro premešajte, dokler ni gladka.
g) Dodajte kuhane testenine in koriander. Dobro premešajte in začinite s kančkom soli in črnega popra.
h) To mešanico prenesite v velik pomaščen pekač.
i) Dodajte tortiljin čips, čili v prahu in preostalo skodelico sira v majhno skledo. Dobro premešajte, da se premeša in potresemo po vrhu testenin.
j) Postavite v pečico, da se peče 12 do 15 minut.
k) Odstranite in postrezite z okrasom cilantra.

69. Mac in sendvič za zajtrk s sirom

SESTAVINE:
- 1 lb kuhanih makaronov
- 8 velikih jajc
- Sol in poper po okusu
- ¼ skodelice nesoljenega masla
- 4 angleški mafini, razrezani in popečeni
- 4 rezine kuhane šunke
- 4 rezine ameriškega sira

NAVODILA:
a) V veliki skledi zmešajte jajca, sol in poper.
b) V veliki ponvi na srednjem ognju stopite maslo.
c) Dodajte kuhane makarone v ponev in premešajte, da se povežejo.
d) Stepena jajca prelijemo po vrhu makaronov v ponvi.
e) Jajca in makarone med občasnim mešanjem kuhajte, dokler niso umešana in strjena.
f) Če želite sestaviti sendviče, na spodnjo polovico vsakega angleškega muffina položite rezino šunke in rezino ameriškega sira.
g) Mešanico jajc in makaronov z žlico naložimo na sir in šunko.
h) Prelijte s preostalo polovico angleškega muffina in postrezite.

70. Cvetača Brokoli Makaroni

SESTAVINE:
- 2 skodelici cvetov cvetače
- 1-unča ameriškega sira, narezanega na koščke
- ¾ skodelice kokosovega mleka
- 1 skodelica cheddar sira, naribanega
- 8 unč komolčnih makaronov
- 2 skodelici cvetov brokolija
- 3 skodelice vode
- ½ žličke soli

NAVODILA:
a) V instant lonec dodamo vodo, makarone, cvetačo, brokoli in sol ter dobro premešamo.
b) Lonec zaprite s pokrovom in kuhajte na visoki temperaturi 4 minute.
c) Sprostite pritisk z metodo hitre sprostitve in nato odprite pokrov.
d) Instant lonec nastavite na način dušenja. Dodajte ameriški sir, kokosovo mleko in sir cheddar. Dobro premešamo in kuhamo 5 minut.
e) Postrezite in uživajte.

71. Cvetača Brokoli Makaroni

SESTAVINE:
- 2 skodelici cvetov cvetače
- 1-unča ameriškega sira, narezanega na koščke
- ¾ skodelice kokosovega mleka
- 1 skodelica cheddar sira, naribanega
- 8 unč komolčnih makaronov
- 2 skodelici cvetov brokolija
- 3 skodelice vode
- ½ žličke soli

NAVODILA:
a) V instant lonec dodamo vodo, makarone, cvetačo, brokoli in sol ter dobro premešamo.
b) Lonec zaprite s pokrovom in kuhajte na visoki temperaturi 4 minute.
c) Sprostite pritisk z metodo hitre sprostitve in nato odprite pokrov.
d) Instant lonec nastavite na način dušenja. Dodajte ameriški sir, kokosovo mleko in sir cheddar. Dobro premešamo in kuhamo 5 minut.
e) Postrezite in uživajte.

72. Linguine s sirovo omako

SESTAVINE:
- ½ skodelice navadnega nemastnega jogurta
- 1 surovo jajce
- ⅓ skodelice 99% nemastne skute
- Sol ali sol z okusom masla
- Poper
- ½ čajne žličke origana ali začimb za pico
- 3 unče švicarskega sira, grobo naribanega
- ⅓ skodelice sveže sesekljanega peteršilja

NAVODILA:
a) V vroče linguine na hitro vmešamo jogurt, nato še jajce, da se zgosti.
b) Nato vmešajte preostale sestavine.
c) Lonec postavite na zelo majhen ogenj, dokler se sir ne stopi.

73. Pečeni sirovi njoki

SESTAVINE:
- 3 litre vode
- 9 skodelic mleka
- 2 žlici košer soli
- 1 čajna žlička sveže naribanega muškatnega oreščka
- 6 skodelic polente
- 1 skodelica nesoljenega masla
- 3 skodelice parmezana
- ¾ skodelice kuhane slanine
- ¾ skodelice peteršilja
- ⅓ skodelice Porastov
- 18 jajca
- 1 žlica sveže mletega belega popra
- 9 skodelic švicarskega sira
- 1 skodelica olivnega olja
- 1 žlica mletega cimeta

NAVODILA:
a) V loncu na zmernem ognju zmešajte vodo, mleko, sol in muškatni oreščku.
b) Zmanjšajte ogenj, zelo počasi vmešajte polento in nadaljujte z mešanjem, dokler se ne zgosti.
c) Odstranite z ognja in vmešajte maslo, parmezan, slanino, peteršilj, mlado čebulo, jajca in črni poper.
d) Dobro premešamo in vlijemo v pekač do debeline ¼-palca.
e) Z rezalnikom za piškote narežite na 2-palčne kroge.
f) Odstranite kroge v z maslom namazan list in vsak krog potresite z 1 žlico naribanega švicarskega sira.
g) Pokapljamo z oljčnim oljem.
h) Pečemo pri 350 stopinjah, dokler niso hrustljave in zlate.
i) Okrasite z mletim cimetom in postrezite vroče.

74. Enostavne hitre pice

SESTAVINE:
- 1 lb mlete govedine
- 1 lb sveže, mlete svinjske klobase
- 1 čebula, sesekljana
- 10 unč predelanega ameriškega sira, narezanega na kocke
- 32 unč koktajl rženega kruha

NAVODILA:

a) Preden naredite kar koli drugega, pečico nastavite na 350 stopinj F.

b) Segrejte veliko ponev in kuhajte klobaso in govedino, dokler popolnoma ne porjavita.

c) Dodajte čebulo in jo pražite, dokler se ne zmehča, ter odcedite odvečno maščobo iz ponve.

d) Vmešajte topljeni sir in kuhajte, dokler se sir ne stopi.

e) Na pekač za piškote položite rezine kruha in na vsako rezino položite zvrhano žlico goveje mešanice.

f) Vse skupaj pečemo v pečici približno 12-15 minut.

JUHE IN JUHE

75. Tunina stopljena juha

SESTAVINE:
- 0,75 unč masla
- 12,50 unč Čebula, bela, sesekljana
- 18,75 unč Rdeči krompir, olupljen, narezan na kocke
- 1 kos. Kremna jušna osnova, vrečka 25,22 unč, pripravljena
- 1,25 lbs. Topljeni ameriški sir, narezan na kocke
- 2 lbs. Tuna v olju odcejena
- Po potrebi košer sol
- Po potrebi Poper
- Po potrebi Paradižnik, narezan

NAVODILA:
a) V velikem loncu na zmernem ognju stopimo maslo in prepražimo čebulo. Krompir pražimo 5 minut. V lonec dodamo kremno jušno osnovo in sir. Zmanjšajte ogenj in kuhajte, dokler se krompir ne zmehča in se sir stopi. Dodamo tuno in kuhamo še 10 minut. Okusite in prilagodite začimbe.
b) Okrasite s paradižnikom.

76. Zlata krompirjeva juha

SESTAVINE:
- 3 skodelice olupljenega in na kocke narezanega krompirja
- ½ skodelice sesekljane zelene
- ½ skodelice sesekljane čebule
- 1 kocka piščančje juhe
- 1 skodelica vode
- 1 čajna žlička posušenega peteršilja
- ½ čajne žličke soli
- 1 ščepec mletega črnega popra
- 2 žlički večnamenske moke
- 1 ½ skodelice mleka
- 1 ½ skodelice naribanega ameriškega sira
- 1 skodelica sesekljane šunke

NAVODILA:
a) V velik lonec dodajte peteršiljeve kosmiče, vodo, piščančjo juho, čebulo, zeleno in krompir. Začinimo s poprom in soljo, nato pa pustimo vreti, da se zelenjava zmehča.
b) V drugi posodi zmešamo mleko in moko. Ko se dobro premeša, ga dodajte mešanici juhe in kuhajte, dokler se juha ne zgosti.
c) Vmešajte kuhano šunko ali hamburger in sir ter dušite, dokler se sir ne stopi.

77. Zelenjavna juha z rezanci

SESTAVINE:
- 3-½ skodelice mleka
- 1 paket (16 unč) zamrznjene kalifornijske mešanice zelenjave
- ½ skodelice na kocke narezanega predelanega ameriškega sira (Velveeta)
- 1 ovojnica mešanice juhe s piščančjimi rezanci

NAVODILA:
a) V veliki kozici segrejte mleko, da zavre. Vmešajte zelenjavo in segrejte do vrenja.
b) Zmanjšajte toploto; pokrijemo in dušimo 6 minut.
c) Vmešajte mešanico sira in juhe. Ponovno segrejte do vrenja. Zmanjšajte toploto.
d) Brez pokrova dušimo 5-7 minut oziroma dokler se sir ne stopi in rezanci zmehčajo, občasno premešamo.

78. Sirna juha z mesnimi kroglicami

SESTAVINE:
- 1 lb puste mlete govedine
- 1 jajce
- ¼ skodelice LC mešanice za paniranje in skorjico
- 1 žlička soli
- 1 žlička origana
- 1 žlica Peteršilj sesekljan
- ½ žličke česna v prahu
- ½ žličke mletega črnega popra
- Za zalogo
- 2 skodelici goveje juhe
- ½ srednje velike zelene paprike, narezane na kocke
- ½ srednje velike rdeče paprike, narezane na kocke
- 1 steblo zelene, narezano na kocke
- ½ skodelice rdeče čebule, narezane na kocke
- 5 velikih gob, narezanih na kocke
- Sirova omaka:
- 4 žlice. voda
- 4 žlice. Polnomastna smetana
- 4 žlice. maslo
- 8 rezin ameriškega sira

NAVODILA:
a) V skledo dajte govedino, jajce, mešanico za paniranje, sol, origano, peteršilj, česen in poper ter dobro premešajte, da se povežejo. Oblikujte 2-palčne kroglice in pustite na stran.
b) V instant lonec dajte govejo juho, zeleno in rdečo papriko, zeleno, čebulo in gobe ter premešajte, da se povežejo.
c) Mesne kroglice položite v juho.
d) Postavite in zaprite pokrov ter ročno nastavite čas kuhanja na 10 minut.
e) Ko so na časovniku še 3 minute, zmešajte posodo, primerno za mikrovalovno pečico, z vodo, smetano, maslom in ameriškim sirom.
f) Sirno omako segrevajte v mikrovalovni pečici 2-3 minute, dokler se ne zmeša, in premešajte vsakih 30 sekund.
g) Hitro sprostite pritisk in vmešajte sirovo omako.
h) Postrežemo toplo.

79. Zimska juha iz zelenjave in šunke

SESTAVINE:
- 3 srednje veliki krompirji, olupljeni in narezani na ¼-palčne kose
- ½ skodelice sesekljane čebule
- 1 skodelica vode
- ¾ čajne žličke čebulne soli ali čebulnega prahu
- ½ čajne žličke popra
- ⅛ čajne žličke soli
- 2 kapljici pekoče omake v stilu Louisiane
- ½ skodelice na kocke narezane popolnoma kuhane šunke (¼-palčni kosi)
- 1 skodelica svežega ali zamrznjenega brstičnega ohrovta, narezanega na četrtine
- 1-½ skodelice mleka
- ¾ skodelice naribanega sira Colby-Monterey Jack, razdeljeno

NAVODILA:
a) V veliki ponvi zavrite vodo s krompirjem in čebulo. Znižajte ogenj, nato pokrijte s pokrovom. Pustimo kuhati, dokler se ne zmehča 10 do 12 minut. Z vodo pretlačimo krompir, dodamo poper, čebulo, sol, pekočo omako in sol. Naj počiva.

b) Pražite brstični ohrovt s šunko v veliki ponvi proti prijemanju, namazani s pršilom za kuhanje, 5-6 minut, dokler se kalčki ne zmehčajo. Zmešajte krompirjevo zmes, nato prilijte mleko. Pustite, da zavre, nato zmanjšajte ogenj. Pustite ga odkritega med kuhanjem, dokler se popolnoma ne segreje. Med kuhanjem mešamo 5 do 6 minut.

c) Nežno dodajte pol skodelice sira in pustite, da se stopi 2 do 3 minute. Na vrh potresemo ostanke sira.

80. Puranjeva juha z blitvo

SESTAVINE:
- 1 žlica repičnega olja
- 1 funt puranjih beder
- 1 korenček, narezan in sesekljan
- 1 por, sesekljan
- 1 pastinak, sesekljan
- 2 stroka česna, nasekljana
- 1 ½ litra puranje juhe
- Janeževi stroki z 2 zvezdicami
- Morska sol, po okusu
- ¼ čajne žličke mletega črnega popra ali več po okusu
- 1 lovorjev list
- 1 šopek sveže tajske bazilike
- ¼ čajne žličke posušenega kopra
- ½ čajne žličke kurkume v prahu
- 2 skodelici blitve, natrgane na koščke

NAVODILA:
a) Pritisnite gumb "Sauté" in segrejte olje oljne repice. Zdaj rjava puranja bedra 2 do 3 minute na vsaki strani; rezerva.
b) Dodajte kanček puranje juhe, da postrgate morebitne porjavele koščke z dna.
c) Nato dodajte korenček, por, pastinak in česen v instant lonec. Pražimo, dokler se ne zmehčajo.
d) Dodajte preostalo puranje juho, janeževe stroke, sol, črni poper, lovorjev list, tajsko baziliko, koper in kurkumo v prahu.
e) Zavarujte pokrov. Izberite nastavitev "Juha" in kuhajte 30 minut. Ko je kuhanje končano, uporabite naravno sprostitev tlaka; previdno odstranite pokrov.
f) Še vroče vmešamo blitvo, da listi ovenijo. Uživajte!

81. Rueben Chowder

SESTAVINE:
- 10 unč masla
- 30 unč čebule, bele, narezane na kocke
- 30 unč paprike, zelene, narezane na kocke
- 1 kos. Kremna jušna osnova, vrečka 25,22 unč, pripravljena
- 5,25 unč dijonske gorčice
- 5 litrov goveje osnove, pripravljene
- 5 lbs. Kuhana govedina, narezana na koščke
- 2,50 lbs. Kislo zelje oplaknemo, dobro odcedimo
- 2,50 lbs. Švicarski sir, nastrgan
- Po potrebi Krutoni, rženi kruh
- Po potrebi švicarski sir, nastrgan

NAVODILA:
a) V velikem loncu na srednjem ognju stopite maslo in na njem prepražite čebulo in papriko, dokler se ne zmehčata. Dodamo kremno jušno osnovo, gorčico in govejo osnovo ter z metlico mešamo do gladkega.
b) Dodamo soljeno govedino in kislo zelje, premešamo in dušimo približno 10 minut. Vmešajte švicarski sir in segrevajte, dokler se ne stopi. Okusite in prilagodite začimbe.
c) Okrasite s krutoni iz rženega kruha in dodatnim švicarskim sirom.

82. Jalapeno sirna juha

SESTAVINE:
- 6 skodelic piščančje juhe
- 8 stebel zelene
- 2 skodelici narezane čebule
- ¾ čajne žličke česnove soli
- ¼ čajne žličke belega popra
- 2 lb sira Velveeta
- 1 skodelica na kocke narezane jalapeno paprike
- Kisla smetana
- Tortilje iz moke

NAVODILA:
a) Stebla zelene, čebulo in jalapenos narežite na kocke. Velveeto narežemo na kocke.
b) V veliko ponev dajte piščančjo juho, zeleno, čebulo, česnovo sol in beli poper. Kuhajte na močnem ognju 10 minut oziroma dokler se zmes ne reducira in rahlo zgosti.
c) V mešalnik ali predelovalec hrane dajte juho in sir. Pasirajte jih skupaj, dokler zmes ni gladka. Pasirano zmes vrnemo v ponev in dušimo 5 minut. Dodamo na kocke narezano papriko in dobro premešamo.
d) Postrezite s kančkom kisle smetane in toplimi tortiljami iz moke.

SLADICE IN PECIVO

83. Sufle z rezanci in gobami

SESTAVINE:
- 9 unč rezancev
- 18 unč mlete govedine
- 1 pločevinka gob
- 7 paradižnikov
- 1 por
- 1 paket ameriških sirnih rezin
- 1 paket rezin ementalskega sira
- 4 jajca
- 15 unč smetane
- Drobnjak zamrznjen, po okusu
- 1 strok česna

NAVODILA:
a) Gobe, por in paradižnik narežemo na rezine.
b) Rezance skuhajte v slani vodi po navodilih.
c) Na olju na kratko prepražimo mleto govedino s porom in gobami ter začinimo s soljo, poprom in česnom.
d) Vzemite ponev za souffle in jo vstavite na naslednji način; rezanci, paradižnik, sir, rezanci, paradižnik, sir.
e) Obrazec mora biti poln le do ¾.
f) Zmešamo jajca, smetano, drobnjak, poper in sol ter enakomerno prelijemo. Pečemo v ogreti pečici na 200-220 C 45-50 minut.

84. Lupine za sirne torte

SESTAVINE:
- ½ skodelice zelenjavnega masti
- 5 unč ameriškega sirnega namaza
- 1½ skodelice nebeljene moke

NAVODILA:
f) V skledi zmešajte mast in sirni namaz.
g) V sirno mešanico z dvema nožema vmešajte moko, dokler se dobro ne premeša.
h) Oblikujte zvitek premera 1¼ palca in dolžine 12 palcev.
i) Popolnoma zavijte v povoščen papir ali plastično folijo.
j) Hladite 1 uro ali dlje. Pečico segrejte na 375 stopinj F.
k) Testo vzamemo iz hladilnika in ga odvijemo. Rezine debeline ⅛ palca.
l) Z 12 skodelicami za mafine ali 3-palčnimi pekači za torte položite 1 rezino testa na dno vsakega.
m) Prekrivajte 5 rezin na zunanji strani vsake.
n) Nežno jih stisnite skupaj. Z vilicami prebodemo dno in stranice.
o) Pečemo 18 do 20 minut v predhodno ogreti pečici, dokler rahlo ne porjavijo.
p) Ohladite v pekačih na rešetki in nežno odstranite lupine, ko so hladne na dotik.

85. Habanero in Colby Jack Flan

SESTAVINE:
- 1 9-palčna trpka skorja
- 1 skodelica težke smetane
- ½ skodelice polnomastnega mleka
- ¾ skodelice naribanega sira Colby Jack
- 4 velika jajca
- 1 paprika habanero, brez semen in drobno sesekljana

NAVODILA:
a) Pečico segrejte na 350°F. V veliki skledi za mešanje zmešajte smetano, mleko, nariban sir Colby jack, jajca in drobno sesekljan poper habanero.

b) Mešanico vlijemo v pripravljeno torto in pečemo 40-45 minut ali dokler se sredina ne strdi. Pred serviranjem naj se popolnoma ohladi.

86. Alpski krompirjev tart

SESTAVINE:
- 7 velikih krompirjev Idaho
- 3 skodelice švicarskega sira, nastrganega
- 3 skodelice težke smetane
- 3 žličke sesekljanega česna
- 1 žlica soli
- 2 žlički črnega popra, sveže mletega
- 1 žlica svežega timijanovega lista, sesekljanega
- 1 čajna žlička masla, zmehčanega
- Pečico segrejte na 300 stopinj F.

NAVODILA:
a) Krompir olupimo in narežemo na približno ⅛ palca debele rezine. Dati na stran.
b) V skledi zmešajte rezine krompirja, polovico naribanega sira in smetano, česen, sol, poper in timijan. Mešajte, dokler ni dobro premešano.
c) 9-palčni kvadratni pekač za torto ali enolončnico namastite z zmehčanim maslom po dnu in ob straneh. Krompirjevo mešanico položite na dno pekača in med dodajanjem močno pritisnite. Ko je mešanica vsa v ponvi, se prepričajte, da je dobro zapakirana. Na vrh potresemo preostalo polovico sira.
d) Pečemo v predhodno ogreti pečici, dokler vrh ne postane zlato rjav, približno 1½ ure. Krompir vzamemo iz pečice in ga pustimo počivati 15 minut, preden ga narežemo. Narežite na 2- do 3-palčne kvadrate.

87. Sirne torte z zelišči

SESTAVINE:
- ⅓ skodelice drobnih suhih krušnih drobtin ali drobno zdrobljenega zwiebacka
- 8 unč Paket kremnega sira, zmehčanega
- ¾ skodelice skute v obliki smetane
- ½ skodelice naribanega švicarskega sira
- 1 žlica večnamenske moke
- ¼ čajne žličke posušene bazilike, zdrobljene
- ⅛ čajne žličke česna v prahu
- 2 jajci
- pršilni premaz proti prijemanju
- mlečna kisla smetana
- narezane ali razkoščičene zrele olive, rdeči kaviar
- pečena rdeča paprika

NAVODILA:
a) Za skorjo poškropite štiriindvajset 1¾-palčnih skodelic za mafine z nelepljivim pršilnim premazom.
b) Na dno in ob straneh potresemo krušne drobtine ali zdrobljen zvieback.
c) Ponve pretresite, da odstranite odvečne drobtine. Dati na stran.
d) V majhni skledi mešalnika zmešajte kremni sir, skuto, švicarski sir, moko, baziliko in česen v prahu. Stepajte z električnim mešalnikom na srednji hitrosti, dokler ne postane puhasto.
e) Dodajte jajca; stepajte pri nizki hitrosti, dokler se ne združi. Ne pretiravajte.
f) Vsako z drobtinami obloženo skodelico za mafine napolnite z 1 žlico sirove mešanice. Pecite v pečici pri 375 stopinjah F 15 minut ali dokler se središča ne prikažejo.
g) Ohladite v pekačih na rešetki 10 minut. Odstranite iz pekačev.
h) Temeljito ohladite na rešetki.
i) Za serviranje namažite vrhove s kislo smetano. Okrasite z olivami, kaviarjem, drobnjakom in/ali rdečo papriko in olivnimi izrezki.
j) Pecite in ohladite torte po navodilih, le da jih ne namažite s kislo smetano ali po vrhu okrasite.
k) Pokrijte in ohladite v hladilniku do 48 ur. Pustite torte stati na sobni temperaturi 30 minut, preden jih postrežete.
l) Premažemo s kislo smetano in okrasimo po navodilih.

88. Trojni gobov tart

SESTAVINE:

- 1 Nepečena ohlajena skorja za pito
- 1 skodelica sesekljanih svežih gob šitake
- 1 skodelica narezanih svežih belih ali rjavih gob
- 1 skodelica sesekljanih svežih gob ostrig
- ¼ čajne žličke posušenega majarona
- 2 žlici masla
- ¾ skodelice naribanega sira Gruyere
- ¾ skodelice naribanega švicarskega sira
- ½ skodelice sesekljane kanadske slanine
- 2 jajci, rahlo stepeni
- ½ skodelice mleka
- 1 žlica narezanega svežega drobnjaka
- Kanadska slanina, narezana na tanke kose
- Klini, neobvezno

NAVODILA:

a) Stisnite pecivo v 9" pekač za torte z odstranljivim dnom. Nagubajte; enakomerno obrežite z vrhom. Obložite z dvojno plastjo folije; pecite pri 450F. 8 minut.

b) Odstranite folijo in nadaljujte s peko 4-5 minut, dokler se ne strdi in posuši.

c) Pečico segrejte na 375 F.

d) Gobe kuhajte na maslu, dokler se ne zmehčajo, 4-5 minut, dokler tekočina ne izhlapi.

e) Odstranite z ognja.

f) Zmešajte Gruyere, švicarske sire in kanadsko slanino.

g) Dodamo gobe, mleko, jajca in drobnjak. Vlijemo v tortno skorjo.

h) Pecite približno 20 minut, dokler se ne strdi in zlate barve.

i) Ohladite v ponvi na rešetki 10-15 minut. Odstrani.

j) Narežite na rezine in okrasite z rezini kanadske slanine.

89. Peteršilj in švicarski flan

SESTAVINE:
- 1 9-palčna trpka skorja
- 1 skodelica težke smetane
- ½ skodelice polnomastnega mleka
- ¾ skodelice naribanega švicarskega sira
- 4 velika jajca
- ¼ skodelice sesekljanega svežega peteršilja

NAVODILA:
a) Pečico segrejte na 350°F. V veliki posodi za mešanje zmešajte smetano, mleko, nariban švicarski sir, jajca in sesekljan svež peteršilj.
b) Mešanico vlijemo v pripravljeno torto in pečemo 40-45 minut ali dokler se sredina ne strdi.
c) Pred serviranjem naj se popolnoma ohladi.

90. Sausage & Jack Pie

SESTAVINE:
- 2 tubi po 8 unč ohlajenih polmesečnih zvitkov
- 2 paketa po 8 unč rjave in postrezite členke klobase za zajtrk, popečene in narezane
- 4 c. nariban sir Monterey Jack ali Colby Jack
- 8 jajc, pretepenih
- 1-½ c. mleko
- 2 T. čebule, sesekljane
- 2 T. zelene paprike, sesekljane
- ½ t. sol
- ¼ t. poper
- ¼ t. posušen origano

NAVODILA:
a) Vsako pločevinko polmesečnih zvitkov razdelite na 2 velika pravokotnika. Pravokotnike položite drugega ob drugem v nenamaščen pekač 13"x9", da oblikujete skorjo, ki pokriva dno in polovico zgornje strani pekača.
b) Pritisnite, da zaprete perforacije.
c) Po skorji razporedite klobase; potresemo s sirom. Preostale sestavine zmešamo in prelijemo čez sir.
d) Pečemo nepokrito pri 400 stopinjah 20 do 25 minut.

91. Mehiška kapirotada

SESTAVINE:
- 4 skodelice vrele vode
- 2 skodelici rjavega sladkorja
- 1 cel strok
- 1 palčka cimeta
- ¼ skodelice masla
- 1 Hlebček kruha z rozinami, narezanega na kocke
- 1 skodelica rozin
- 1 skodelica sesekljanih orehov
- ¼ funta naribanega sira Monterey jack
- ¼ funta naribanega sira Colby

NAVODILA:
a) V en liter vrele vode dodajte rjavi sladkor, nageljnove žbice, cimet in maslo.
b) Kuhajte, dokler ne nastane rahel sirup, nato odstranite nageljnove žbice in cimet.
c) 1 štruco kruha z rozinami narežite na kocke in posušite v pečici pri 250 F do skorje.
d) Sperite 1 skodelico rozin v vroči vodi, nato jih odcedite. V velik z maslom namazan pekač neprekinjeno nalagajte kruhove kocke, rozine, orehe, sir Monterey Jack in sir longhorn (cheddar-jack), dokler ne porabite vseh sestavin.
e) Vroči sirup enakomerno prelijte po mešanici za kruh. Pečemo v predhodno ogreti pečici na 350 F 30 minut. Postrežemo toplo ali hladno.

PIJAČE IN KOKTAJLI

92. Vodka Martini, prepojena s sirom

SESTAVINE:
- 2 unči vodke, prepojene s sirom
- ½ unče suhega vermuta
- 1 limonin zvitek za okras

NAVODILA:
a) Za pripravo vodke, prepojene s sirom, zmešajte 1 skodelico naribanega ameriškega sira in 1 steklenico vodke v kozarcu, ki ga je mogoče zapreti.
b) Pustite, da se mešanica infundira 3-4 dni, občasno pretresite.
c) Mešanico precedite skozi fino mrežasto cedilo, da odstranite delce sira.
d) V stresalniku, napolnjenem z ledom, zmešajte vodko, prepojeno s sirom, in suhi vermut. Dobro pretresite in precedite v ohlajen kozarec za martini.
e) Okrasite z limoninim zvitkom in postrezite.

93. Sir na žaru Bloody Mary

SESTAVINE:
- 2 unči vodke
- 4 unče paradižnikovega soka
- 1 žlička Worcestershire omake
- 1 žlička pekoče omake
- 1 žlička pripravljenega hrena
- ½ unč limoninega soka
- Sendvič s sirom na žaru za okras

NAVODILA:
a) V stresalniku, napolnjenem z ledom, zmešajte vodko, paradižnikov sok, Worcestershire omako, pekočo omako, pripravljen hren in limonin sok. Dobro pretresite.
b) Mešanico precedite v kozarec, napolnjen z ledom.
c) Okrasite z majhnim sendvičem s sirom na žaru in postrezite.

94. Bloody Mary z modrim sirom in slanino

SESTAVINE:
- 2 unči vodke
- 4 unče paradižnikovega soka
- 1 žlička Worcestershire omake
- 1 žlička pekoče omake
- 1 žlička pripravljenega hrena
- ½ unč limoninega soka
- Z modrim sirom polnjene olive in slanina za okras

NAVODILA:

a) V stresalniku, napolnjenem z ledom, zmešajte vodko, paradižnikov sok, Worcestershire omako, pekočo omako, pripravljen hren in limonin sok. Dobro pretresite.

b) Mešanico precedite v kozarec, napolnjen z ledom.

c) Okrasite z olivami, polnjenimi z modrim sirom, in trakom slanine.

95. Vroča čokolada s sirom

SESTAVINE:
- 2 skodelici mleka
- ½ skodelice težke smetane
- 1 skodelica naribanega ameriškega sira
- 2 žlici kakava v prahu
- 2 žlici sladkorja
- 1 žlička vanilijevega ekstrakta

NAVODILA:
a) V kozici na srednjem ognju segrejte mleko in smetano.
b) Dodajte nariban ameriški sir in mešajte, dokler se ne stopi in poveže.
c) Dodajte kakav v prahu, sladkor in vanilijev ekstrakt ter mešajte, dokler se dobro ne združi.
d) Postrezite toplo.

96. Kremni ameriški smuti s sirom

SESTAVINE:
- 1 skodelica mleka
- ½ skodelice navadnega grškega jogurta
- 1 banana
- ¼ skodelice naribanega ameriškega sira
- 1 žlička medu

NAVODILA:
a) V mešalniku zmešajte mleko, grški jogurt, banano, nariban ameriški sir in med.
b) Mešajte, dokler ni gladka in kremasta.
c) Postrezite v visokem kozarcu in uživajte.

97. Martini z jabolkom in čedarjem

SESTAVINE:
- 2 unči jabolčnega moštnika
- 2 unči vodke
- 1 unča limoninega soka
- 1-unča medenega sirupa (razmerje medu in vode 1:1)
- 1 unča naribanega sira čedar
- Jabolčna rezina za okras

NAVODILA:
a) V stresalniku, napolnjenem z ledom, zmešajte jabolčni moštnik, vodko, limonin sok, medeni sirup in nariban sir cheddar.
b) Dobro pretresite.
c) Mešanico precedite v ohlajen kozarec za martini.
d) Okrasite z rezino jabolka in postrezite.

98. Sirna margarita z grenivko

SESTAVINE:
- 2 unči tekile
- 1-unča grenivkinega soka
- ½ unče limetinega soka
- ½ unč medenega sirupa (razmerje medu in vode 1:1)
- 1 unča naribanega ameriškega sira
- Rezina grenivke za okras

NAVODILA:
a) V stresalniku, napolnjenem z ledom, zmešajte tekilo, grenivkin sok, limetin sok, medeni sirup in nariban ameriški sir. Dobro pretresite.
b) Mešanico precedite v kozarec, napolnjen z ledom.
c) Okrasite z rezino grenivke in postrezite.

99. Cheesy Hot Toddy

SESTAVINE:
- 1 skodelica vroče vode
- ½ unč limoninega soka
- 1 žlica medu
- 1 cimetova palčka
- 1 unča naribanega ameriškega sira

NAVODILA:

a) V skodelici zmešajte vročo vodo, limonin sok, med in cimetovo palčko. Mešajte, da se združi.

b) Dodajte nariban ameriški sir in mešajte, dokler se ne stopi in poveže.

c) Odstranite cimetovo palčko in postrezite.

100. Blue Cheese Whisky Fizz

SESTAVINE:
- 60 ml viskija
- 30 ml agavinega sirupa (ali navadnega sladkornega sirupa)
- 30 ml kreme iz modrega sira
- 30 ml svežega limoninega soka
- 5 kapljic vode pomarančnih cvetov
- 1 beljak
- Soda na vrh

NAVODILA:
a) V stresalniku zmešajte vse sestavine razen sode.
b) Suho stresajte 2 minuti. Dodajte led in stresajte 30 sekund.
c) Precedite v kozarec in pustite stati približno 30 sekund.
d) Nalijte soda do vrha (trda pena se bo dvignila na vrh)

ZAKLJUČEK

Upamo, da ste uživali v "Melting Pot: ULTIMATNA AMERIŠKA KUHARICA S SIROM" in da vas je navdihnila za raziskovanje slastnega sveta ameriškega sira. Ne glede na to, ali ste preizkusili vse recepte v tej knjigi ali le nekaj, smo prepričani, da ste odkrili nekaj novih in vznemirljivih načinov uporabe sira pri kuhanju.

Ne pozabite, da je sir vsestranska sestavina, ki jo lahko uporabite v različnih jedeh, od zajtrka do sladice. Ker je na voljo toliko različnih vrst ameriškega sira, so možnosti neskončne. Torej, eksperimentirajte naprej in se zabavajte v kuhinji!

Radi bi se vam zahvalili, da ste izbrali to knjigo in upamo, da vam je pomagala odkriti radosti kuhanja z ameriškim sirom. Veselo kuhanje!

www.ingramcontent.com/pod-product-compliance
Lightning Source LLC
Chambersburg PA
CBHW071848110526
44591CB00011B/1345